AF187929

RUF
NACH DEM SINN

Manager, Sportler, Politiker
und wir alle rufen

INHALT

1. DER RUF NACH DEM SINN

Was rüttelt auf, was stimmt nachdenklich in unserem persönlichen Biotop? Wir sind alle auf Gefühle programmiert. Und doch sind sie nicht das Ausschlaggebende. Niemand ist auf simple Einstellungen erpicht. Gedankenstaffeln aus verschiedenen Philosophien werden hier an die Projektionswand geworfen. Möglich, dass dies sogar bei Sportlern ankommt. Denn auch sie rufen. Es wird wohl nicht immer nur Aberglaube zelebriert, wenn sich Athleten vor einem Sport-Event bekreuzigen. Da Leistungssportler an die Grenzen ihrer Fähigkeiten gehen, wissen sie, dass nicht alles so selbstverständlich ist. Was aus dem Lifestyle widerhallt, gibt Anlass genug, darüber nachzudenken. Ähnliche

Bedürfnisse werden auch bei den Matadoren der Wirtschaft geortet, den Managern. Klauben wir aus dem Korb noch die Lebenswelten der Politiker heraus. Auch sie fragen bisweilen nach den Wurzeln ihrer Bewusstheit. All ihre Handlungen sind verkoppelt mit Streben, manchmal in Lässigkeit, aber auch mit dem Nachdenken über das oft schwankende Warum der Abläufe. Der Zugang ist nicht so weltfremd wie es auf den ersten Blick vermutet wird.

Erhalten wir Antwort auf unser Rufen? Solange wir mit dem Angelpunkt des Lebens verbunden sind, können wir das extrem Positive erahnen. Das muss gepflegt werden. Also heißt es richtig rangehen. Nicht nur die Sinne sind angesprochen, auch das persönliche Befinden. Oft merken wir, wie unsere Denkkraft steigt, wenn wir uns eine

Auszeit nehmen, um unsere
Aufmerksamkeit von einer anstrengenden
Thematik auf etwas völlig anderes zu
lenken. Die Unterbrechung des
Alltagsspiels kann kurz oder lang angelegt
sein, das ist nicht das Entscheidende. Es
wird uns gut tun, einfach die innere
Haltung zu verifizieren. Sie sollte sich als
stimmig erweisen. Dann sind wir mit der
Wirklichkeit konfrontiert. Es bleibt uns
nichts anderes übrig, als nach Erkenntnis
zu streben. Wir werden nachdenklich,
vielleicht sogar froh darüber sein. Alle
Eigenschaften des Denkens werden wir
einsetzen, wenn wir das Problem lösen
wollen, wie unser Leben aufzufassen ist.
Wenn das Alltagsdenken sich von seinem
Fundament loslöst, kommt die Basis selbst
ins Trudeln.

Wo steckt er nun, der Sinn? Finden wir ihn
im Elan, in der Freude, oder manifestiert

er sich in Ohnmacht oder gar in Gewalt? Sind das Positive und das Negative nur Reflexe? Ist das Leben echt oder nur ein vorübergehender Trance-Zustand? Da tauchen sie auf, die erkennbaren, manchmal verschmähten Ingredienzen von Sinn: Werte, Reflexionen, Sehnsüchte, Erfüllung. Wir hören immer so von Geschichten, die das Leben mit sich bringt, es gestalten. Oftmals werden sie unbestimmbar gezeichnet. Doch das Leben wird offensichtlich von uns mitgeformt. Es ist etwas Intersubjektives, in das jeder Einzelne investiert. Darauf kann man bauen, dort kann man ansetzen, dabei kann man bleiben, oder auch nicht. Es gibt nichts Unerklärliches, auch wenn man manchmal in einer Grauzone dahin zu schwimmen glaubt.

Wir fühlen uns doch so wahnsinnig aufgeklärt. Peter Sloterdijk, ein Philosoph der Jetztzeit, formuliert es so: „Die Aufklärung ist kein Erwerb von Schätzen, sondern eine Verschwendung von Dummheit". An was soll man nun glauben, wenn man überfüttert wird mit der Propaganda-Nahrung des gewalttätigen Zweifelns? Wie kommen wir aus dem Chaos der unbewältigten Gedanken, der unerfüllten Sehnsüchte heraus? Wie kommen wir in die Nähe der großen Geheimnisse?

Es geht nicht über Vorschriften, um geistig weiterzukommen. Glauben wir doch nicht an den Zauberstab, der über uns schwebt. Ein undefinierbares „Es" würde die Menschen allzu gerne nach Gutdünken zerstückeln. Der Mensch muss selbst seine Fähigkeiten ausspielen. Allerdings wird er es ohne das Mitwirken einer höheren Macht nicht schaffen. Der Mensch ist nicht Her der Dinge. Vertrauen wir nicht den Moden irgendeiner Epoche, die einen verführen. Sie vergehen, obwohl sie zunächst verzaubern. Auch so manche Moden der Philosophie zählen zu den Flüchtigkeiten menschlichen Dafürhaltens. Drei Beispiele für die triviale Leere gedanklicher Experimente: als erstes aus der Antike die Argumente des Philosophen Protagoras, der sich darin verbiss, der Mensch sei das Maß aller Dinge. Ein zweites aus der Zeit der Aufklärung die Ansichten von David Hume und seiner Anhänger, die sich die Wahrheit handlich zurechtzustutzen versuchten. Und drittens aus dem 20. Jahrhundert etwa Sigmund Freud, der mit seiner Enträtselung der Seele aus der Skepsis moderner Wissenschaftler heraus längst wieder überholt ist. Unerfreulich entwickeln sich die Theorien des Selbstbetrugs.

Das Leben spielt nicht. Ein solcher Weltenplan wäre zu puppenhaft, zu einfach, er entspräche nicht der Verständlichkeit von Totalität. Was spricht dagegen, sich an der Qualität des Seins zu freuen? Wir sind sehr wohl Akteure, wir können überlegen, können entscheiden, wir Menschen. Wir sind nicht ferngesteuert. Wo wir gehen, hinterlassen wir Spuren. Es liegt an uns, welche Konturen diese Abdrücke haben. Wir sind unheimlich klein im Umfeld des Universums, oft machtlos, aber keineswegs ein Nichts. Wir sind so gemacht, dass wir etwas bedeuten. Wir leben in einer der kleinsten Galaxien in einem winzigen Punkt im All und dennoch umfasst das Gehirn des Menschen das ganze Universum. Wir sind sogar fähig, über die unsichtbare Welt zu reflektieren.

Welche Rolle spielen bei dieser

Rundschau Dankbarkeit, Achtung, Liebe? Unübersehbar sind sie keine leeren Kategorien. Sie sind Kräfte. Wir streben nach der Bündelung von Kräften. Wenn uns der Alltag herabziehen will, haben wir die Befugnis, das Besondere zu sehen, seine Ideen auszuarbeiten. In den speziellen Passagen des Daseins könnten wir draufkommen, dass wir ganz und gar nicht bedeutungslos sind. Und wir können erkennen, was für uns von Bedeutung ist. Wo finden wir die Antworten auf die essenziellen Fragen? In unsere Brüchigkeit wurde Stärke gelegt. Das ist unsere Chance, die Utopie des Perfekten nicht in Anspruch zu nehmen, es vielleicht zu pflegen, uns aber nicht von ihm beherrschen zu lassen. Die Möglichkeit besteht, damit gut umzugehen. Wir dürfen die Schönheit im Natürlichen genießen und brauchen uns nicht auf brutale ungestaltete Exzesse einlassen.

Vielleicht glückt es uns, andere auf die Reise gleich mitzunehmen. Wenn wir zur Zukunft aufbrechen, welche Art von Zukunft meinen wir da? Und wie könnte der Aufbruch aussehen?

In jedem von uns dürfte ein Quäntchen Angst vorhanden sein. Wie gehen wir damit um? Angst bleibt letztlich eine Fiktion. Sie lässt Aufbrüche kaum zu. Besonders die Angst vor dem Leiden scheint uns fertig zu machen. Wir verkrampfen. Dabei sollten wir das Mögliche, nicht das Negative betrachten. Einerseits macht uns das eigene Leid fertig, zusätzlich berührt uns das Leid der anderen. Wir brauchen eine neue Einstellung, wir müssen reagieren. Die gute Nachricht ist, es gibt das Glauben, das sich keine Angst vor der Wahrheit leisten kann. Wahrheit gibt die Garantie für Freiheit. Das gilt für die allgemeinen

Menschenrechte genauso wie für die innere Freiheit. Unglaublich, was da auf uns einströmt.

2. ENTSCHEIDUNGS-FAKTOREN

Die empirische Wissenschaft bedient sich eines beliebten Instrumentes, um Zustände zu definieren: die Faktorenanalyse. Der richtige Umgang mit Faktoren ist bedeutungsvoll in der Praxis der Wirtschaft als auch der Gesellschaftsmechanismen. Als konkrete Messgrößen dienen die Variablen. Sie haben wieder Einfluss auf andere Faktoren. Als praktisches Beispiel: um zu bewerten, wie Studenten am effizientesten im Studium vorankommen, wird ihre Umgebung, ihre Universität, ihre eigenen Fähigkeiten wie Selbständigkeit, Ausdauer oder Systematik im Lernprozess bestimmt. Die gesammelten Faktoren laufen dann auf die Prägung einer Eliteausbildung zu: hohe Konzentration, talentierte Professoren, signifikante Budgets und visionäre strategische Zielrichtungen. Sie alle lassen sich mit Hilfe von Variablen messen. Abgesehen davon, dass Faktoren die Kriterien objektiv halten, können sie selbst steuern. Sie beeinflussen sogar die Strukturen. Sie können aufwerten oder auch zerstören. Strukturen sind in der Lage zu eskalieren. Verantwortlich dafür sind die bestimmenden Faktoren. Beruhigend an all der Sachlichkeit ist, dass Faktoren vom Menschen dirigiert werden. Es wäre nur gut, wenn auch er sachlich bliebe.

Nur, welche Faktoren könnten das sogenannte Schicksal unter die Lupe nehmen? Wie könnte die Ursache unseres Daseins bestimmt werden, oder die religiöse Gesundheit? Man käme nicht weit, wenn man sich in diesen Sphären auf Experimente einließe. Immerhin bestätigt die Naturwissenschaft, dass geistige Faktoren Einfluss auf die somatische Gesundheit haben. Die Wechselbeziehung zwischen Gehirn und der eigenen Bewusstheit ist nicht zu leugnen. Selbst die Immunologie beschäftigt sich heute mit den seelischen Empfindlichkeiten. Ein Netzwerk aus Millionen Nervenzellen liefert ständig Informationen an das so definierte limbische System. Dort werden die Gefühle verarbeitet. Damit kann auch die seelische Lebenskraft für ein stabiles geistiges Immunsystem sorgen.

Die Wahrnehmung und die Erfahrung lassen sich aus dem Erlebten nicht ausklammern. Wir erleben gerade in unserer säkularisierten Welt den Wunsch, temporär in Klöstern zu Gast zu sein. Aus gutem Grund gibt es den Drang, Kraftorte aufzusuchen. Gestresste Zeitgenossen zieht es zu den Orten der Ruhe und des inneren Ausgleichs. Die Mönche gewähren Gastfreundschaft, doch verwehren sie sich gegen den Versuch, sich psychologisch vereinnahmen zu lassen. Sie hüten sich vor dem spirituellen Anachronismus.

Wer solche Oasen der Stille aufsucht, sollte sich auch für die Hintergründe dieser Orte Interesse zeigen. Es macht schon etwas aus, zu wissen, welche Ideen und Gepflogenheiten hinter den Regeln der verschiedenen Kloster-Gemeinschaften stehen. Nicht nur die Inhalte, auch die historischen Entwicklungen umfassen ein wertvolles Ganzes, aus dem gelernt werden kann. Zwar können Bauten zerstört werden, doch die Inhalte bleiben einer späteren Nachwelt erhalten. Den Quellen werden wir nur näher kommen, wenn wir uns mit ihnen befassen. Klöster sind ja nicht irgendwelche Logen von Macht-Eliten. Den Jakobsweg aus rein sportlicher Herausforderung zu bestreiten, um einmal dabei gewesen zu sein, wäre Schwachsinn. Da gäbe es wohl interessantere physische Wagnisse auch für die Allgemeinheit. Es geht in solchen Erkenntnisprozessen um die Chance, das Bedeutsame zu ergründen.

Bilden wir das ab, was uns lebenserhaltend erscheint, stoßen wir auf das ureigene Bewusstsein. Erfüllt es den Anspruch der Realität? Wir erkennen etwas Bestimmtes, wenn auch nur rätselhaft. Wir werden zu Mitwissern unseres Wesens, unserer Seele. Wir bemühen unsere Aufmerksamkeit, um diese Erfahrung einzusaugen. Jede/r von uns belegt seine Einzigkeit. Unter all den Geschöpfen hat der Mensch allein die

Fähigkeit zu objektivieren und zu erwägen. Das objektivierte Sehen und Bewerten geht mit einem ständigen Korrigieren einher. Ganz begreifen wir es nicht, was da vor sich geht, was wir eventuell spüren. Es gibt manche, die es zu sezieren versuchen. Doch auch mit Hilfe der unzähligen neuronalen Bahnen werden wir das Gefüge nicht bis ins Letzte erklären können. Der Sinn lässt sich wissenschaftlich nicht erheben. Immerhin klärt die Hirnforschung auf, dass das Bewusstsein nicht identisch mit der Gehirnmasse ist. Einmütig kapieren wir, dass der Geist das erste und direkteste Ding unserer Erfahrung ist. Damit haben wir schon etwas, mit dem wir das Sein stabilisieren können. Der Doyen der Neurowissenschaften John Eccles sagt von sich selbst: „Ich glaube, dass in meiner Existenz ein fundamentales Geheimnis liegt, das jede biologische, wissenschaftliche Erklärung übertrifft."

Der Neurologe Viktor Frankl ging in der von ihm entwickelten Logotherapie und Existenzanalyse davon aus, dass der Mensch in erster Linie ein geistiges Wesen ist. „Ihm ist der Wille zum Sinn eingeboren. Also strebt er danach, sein Leben in einem Sinnzusammenhang zu verstehen. Tut er dies nicht, falle er unweigerlich in eine existenzielle Frustration mit den möglichen Symptomen von Aggression oder Depression". Viktor Frankl hat es mit seiner Methode geschafft, der Deportation ins Konzentrationslager ein trotziges „Ja zum Leben" abzujagen. Darüber hinaus meint er, „nur die Minderheit der Menschen sei anständig, aber geradezu deswegen wird es zu einer

Herausforderung, dieser Minderheit anzugehören".

Einige Jahre nach Viktor Frankl, wir befinden uns bereits im 21. Jahrhundert, spricht ein Ordens-Prior, Luc Emmerich, in einem Vortrag darüber, wie es helfen könnte, auch für die Schmerzen zu danken: „Das Schlimme darf nicht wie ein Riesenschatten über dir hängen. Das Gebet schreit den Schmerz nicht mehr hinaus, sondern lobpreist ihn sogar". Das ist eine fast unerträgliche Herausforderung. Vielleicht geht man mit dem Leid am besten um wie mit dem Schmerz: wenn wir schon akzeptieren müssen, dass er da ist, tun wir dies im Bewusstsein, dass er auch einmal weg sein wird. Der Schmerz ist oft zur Erinnerung da, dass etwas getan werden muss, um Schaden abzuwenden. Das Beten definiert Luc Emmerich „im

Unterschied zu den fernöstlichen Künsten
wie Zen und Yoga als eine Technik, ohne
eine solche zu sein, als eine Kunst, die
keine ist, als eine Methode, die darin
besteht, keine Methode zu haben. Das
Beten ruht nicht auf sich selbst, ist nichts
selbst Erzeugtes, es ist ein Geschenk."

Dieser Art von Geschenk ist jedoch
inkompatibel mit persönlicher Passivität.
Solange wir uns der Anstrengung
verweigern, werden wir kaum
mitbekommen, dass wir eine höhere Hilfe
brauchen. Es folgt permanente
Fehlkommunikation. Irgendwie sind wir
mit den parodistischen Gegensätzen der
Dinge konfrontiert. Wie kann da das
Glauben zum bestimmenden Faktor
werden? Es stellt kein System dar und ist
auch kein zwingendes Moral-Postulat. Es
hat etwas mit Lebenswahrheit zu tun.
Glauben umfasst eine Sphäre, die das

Leben ausmacht. Es ist nicht ein Nichtwissen, sondern ein Mehrwissen, eine spezielle Art von Gewissheit. Wir sind auf Glauben soundso angewiesen, denn bloß ein Zehntel dessen, was wir zu wissen glauben, stützt sich auf unsere eigene Wahrnehmung, belegt die Sozialwissenschaft.

Den Glauben können wir uns selbst nicht schaffen, wir bekommen ihn tradiert. Das religiöse Glauben besteht in der Beziehung zum Absoluten. Aus uns heraus könnten wir das Übernatürliche nicht erkennen. Dieses Befinden vermitteln wir uns gegenseitig. „Ohne Vermittlung durch andere, würde Kirche nicht existieren, nicht einmal der Ansatz dazu", moniert der Philosoph und Kommunikationsguru Rupert Lay. Diejenigen, die Vermittlung ablehnen, verneinen deckungsgleich den freien Willen. Sie sind den Launen diffuser

Mächte eher zugänglich. Glauben ist kein Automatismus, er ist Entscheidung. Wie würden wir nun unsere Erkenntnis an andere weitergeben?

Von Anfang an fehlt dem Individuum die absolute Klarsicht. Sie ist allzu oft von Irrglauben oder von Verdrossenheit am Glauben verdeckt. Den Desillusionen folgt die Resignation. Steigt das Missbehagen, wächst die Neigung zum Aufstand. Ähnliches erfahren wir in der heutigen Zivilgesellschaft, wenn der Groll in Szenarien hineinführt, die zum Wutbürgertum ausarten. Sie eskalieren bis zur gesellschaftlichen Verweigerung. Wie leicht ist es hinauszuposaunen, man brauche keine Riten, Vorbilder oder Leitplanken.

Dogmen sind nicht bloße Meinung, sie sind systemische Behelfe. Ihre Aufgabe ist es, Inhalte weiterzureichen. Wir werden nie die komplette Information besitzen, in keinem unserer Fachgebiete. Wir brauchen aber konkrete Hinweise, wenn wir etwas angehen wollen. Nichts anderes demonstriert die personifizierte Formel des Christentums „Der Weg, die Wahrheit und das Leben". Da werden keine Abstraktionen verbreitet, sondern substanzielle Bekundungen. Wir sollten wissen, was wir glauben. Wissen ist nirgendwo so bedeutungsvoll wie beim Glauben. Erst der Bestand von Fakten führt zur Festigung des Glaubens. Dennoch, das Wesentliche liegt jenseits unserer Vorstellungskraft.

4. ENTFLIEHT UNS DIE WAHRHEIT?

In unserer postfaktischen Welt entsteht der Eindruck, dass Wahrheiten immer mehr verdreht werden. Wir brauchen gar nicht erst auf den noch rudimentär primitiven Umgang mit dem Internet verweisen. Marken-Fakes sind früher schon zu einer industriellen Macht geworden. Schwarze Propaganda operiert mit falschen Botschaften, das ist eine uralte Gewohnheit. Heutzutage haben sich lediglich die technologischen Möglichkeiten potenziert. Politische Autokraten spielen gerne damit. Nirgendwo mehr als im öffentlichen Leben ist Manipulation zu spüren.

Fakes vernebeln die Realität. Schon Sokrates, der Gigant der Philosophie, deutet darauf hin, „dass der Mensch der Wahrheit des Seienden immer mehr verlustig wird". Die Wahrheit wird verzerrt und misshandelt. Wo werden wir also die Wahrheit finden?

Wie sieht es mit der Echtheit in den Denkprozessen aus? Woran liegt es, dass wir die Wahrheit gerne manipulieren? Möglicherweise daran, dass uns die Interessen mehr bedeuten als die Fakten. Heraklit, der älteste der hellenistischen Denker meinte, „dass die Dinge zwar da sind, wir sie aber oft nicht sehen wie sie sind". Wir verdrehen sie allzu gerne durch unsere Vorurteile oder durch unsere Absichten. Die erste Bedingung, um die Wahrheit zu erkennen, ist, auf sie zu hören. Platon, der die Geschichte der Philosophie grundlegend prägte, definierte Wahrheit als „das Sein, das mit der Idee Gottes übereinstimmt. Der Mensch darf an den ewigen Ideen teilhaben". In seinem Höhlengleichnis unterscheidet er bekanntlich Schein und Wirklichkeit. Wir sitzen in der Höhle mit dem Rücken zur Realität und sehen an den Wänden der Höhle nur ihre Schattenbilder. Es ist mehr als nur ein Gedankenexperiment. Illusion und Realität sind die Grundelemente, die der Mensch oft genug verwechselt.

Jedes Mal wenn wir das Sein ehrlich hinterfragen, haben wir die Antwort nicht parat, obwohl sie schon vorhanden ist. Was macht das Sein so attraktiv? Es ist vorab die Tatsache, dass wir es leben können und dürfen. Der gesellschaftliche Horizont will entwickelt sein, genauso wie sich das Individuum vom Rudimentären über das Pubertierende zum Erwachsensein entfaltet. Immerhin regulieren Zeit und Raum unsere irdische Existenz. Unweigerlich stoßen wir über diese zwei Bestimmungsgrößen auf die Dimension des Glaubens. Zukunft wird zum gegenständlichen Kriterium von Hoffnung. Wenn wir die Transzendenz akzeptieren, erkennen wir Wahrheit. Es scheint so, dass sie ein ganzes Konglomerat an Komplexität ist, die unser Sein ausmacht. Der Weg zum Sinn ist nicht binär, er ist komplex. Trotzdem ist er auf Einfachheit ausgelegt, damit wir ihn leichter finden.

Wir tun uns nur schwer, den Sinn zu erkennen, noch schwerer ihn zu akzeptieren und am schwersten, danach zu handeln. Wer davon ausgeht, dass es keine Wahrheit gibt, erliegt seinen subjektiven Vorstellungen. Es kommt zur Vergötzung des Menschen. Am Ende wird die Weisheit das Bild bestimmen, wenn Zeit und Raum zu einer vernachlässigbaren Größe werden. Wir könnten sie negieren oder gedanklich absetzen. Die einzige Alternative wird uns trotzdem einholen, die Wahrheit. Wir sind nicht der Sinnlosigkeit ausgesetzt worden. In unserer eigenen Verantwortung liegt es, damit richtig umzugehen. Wir können nicht sagen, dass Weisheit mit uns nichts zu tun hat. Wir brauchen uns nicht gegen sie zu wehren. Oder glauben wir gar, sie stünde uns nicht zu? Wozu versuchen wir dann, sie von uns fern zu halten?

In der griechischen Mythologie streicht Aletheia, die Göttin der Wahrheit das Unverborgene des Seins heraus. „Wenn das Wesen der Dinge der ‚Lethe‘, dem Vergessen, durch ‚Aletheia‘, dem Unverborgenen, entrissen wird, geschieht Wahrheit", fasst der Benediktiner-Mönch Anselm Grün zusammen. Das Vergessen trifft mit unbarmherziger Härte jegliches

Detailwissen. Der menschliche Speicher reicht nicht aus, die Wahrheit ganz zu erfassen. So wird die ständige Kommunikation mit dem Transzendenten unverzichtbar. Es klingt zwar kompliziert, bietet sich aber als der einzige Weg ins Reelle an.

Im Gegensatz dazu beruht das Konzept des selbst ernannten Übermenschen darauf, dass die Wahrheit soundso nur eine Illusion sei. Der Philosoph Friedrich Nietzsche plädiert dafür, dass der Mensch die Welt so schafft, wie er es möchte. Es wird kolportiert, dass Nietzsche seinen Gedankengang bedauerte, aber er war bereits in einen irreversiblen Irrtum abgedriftet. Was wahr ist, bestimme einzig und allein der Mensch, vertrat in der Folge auch Karl Marx, Begründer des wissenschaftlichen Sozialismus. Wohin diese gesellschaftlichen Annahmen führen, zeigte die Unbarmherzigkeit der Geschichte. Die Flucht vor der Existenz, wie sie der Schriftsteller Albert Camus propagiert, bekommt dann ihren besonderen Bezug zum berechnenden Nihilismus. Camus meint, „dem Absurden könne man sich nicht entziehen, man müsse sich mit ihm abfinden, indem man das Schicksal mit Verachtung straft". Ist ein solcher Lösungsansatz von der Vernunft akzeptierbar?

Wo findet sich dann der Aufstand gegen das Absurde? Es gibt die eindeutigen Antworten auf den Wert der kosmologischen Wahrheit. Religion bedient sich der Tools, die wir als Glauben bezeichnen. Glauben besteht nicht darin, Sätze einfach für wahr zu halten, sondern zunächst einmal im Schauen und Hören. Die Sozial-Wissenschaft nennt es Perzeption. Immer schon lebten wir in einer schauenden Gesellschaft. Auf die Wahrnehmung kommt es also an. Von ihr hängt ab, wie wir die Dinge auffassen. Wir müssen uns die Fähigkeit erarbeiten, das Geschehen richtig zu sehen und einzuordnen. Das Erfassen von Bedingungen und von Vorgängen erfolgt bewusst oder unbewusst. Das Unbewusste ist nicht unbedingt irrational. Das Leben fordert dazu heraus, den Verstand mit einzuschalten. Wir wollen objektiv erkennen, was mit uns geschieht. Das dann Betrachtete, Erfühlte und Gelebte zu verarbeiten, ist nicht ganz so einfach. Die Schwierigkeit besteht darin, das Wahrgenommene mit unserem Naturell in Einklang zu bringen.

3. WELTEN-ENTWICKLUNG

Das Wort Evolution war für etliche
Theologen lange Zeit ein rotes Tuch. Auch
die „kleine Hure Kirche", wie sie einmal
liebevoll ein Theologe bezeichnete, gerät
im Laufe der Geschichte auf Abwege, oder
vielleicht auf Umwege. Evolution hat
genauso wie die Schöpfung
stattgefunden. Daran ist nicht zu zweifeln.
Sie ist ein Produkt der Schöpfung. Heute
heißt die Frage nicht mehr Moses oder
Darwin. Doch Reproduktion und
Veränderung allein sind noch keine
Erklärung der Dinge. Selbst der Begründer
der Evolutionstheorie Charles Darwin
sagte: „Ich habe niemals die Existenz
Gottes verneint. Ich glaube, dass die
Entwicklungstheorie absolut versöhnlich
ist mit dem Glauben an Gott. Die

Unmöglichkeit des Beweisens und Begreifens, dass das großartige über alle Maßen herrliche Weltall ebenso wie der Mensch zufällig geworden ist, scheint mir das Hauptargument für die Existenz Gottes." Und bei Augustinus liest man: „Was ist größer, Dinge zu machen, oder zu machen, dass die Dinge sich machen?". Es gibt Wirklichkeiten, die man nicht mehr seziert, sondern über die man meditiert. Sie werden uns beeindrucken, so wie es die Wahrheit tut.

Erstaunlich, regelrecht betörend ist, was der menschliche Verstand alles nachvollziehen kann. Er rekonstruiert Karten des Weltalls von der Zeit, als erst 400.000 Jahre nach dem Urknall vergangen waren. Es wird gezeigt, wo mehr oder weniger Materie vorhanden war und sich später Galaxien entwickeln konnten. Die ersten Galaxien, so lehrt uns

die Astrophysik, gab es erst nach einer
Milliarde Jahren nach dem Urknall.
Zunächst gab es im Weltenraum nur
Wasserstoffelemente. Inzwischen waren
vierzehn Milliarden Jahre verstrichen. Wo
begann das Universum? Forscher gehen
sogar der Frage nach, ob vielleicht ein
neues Universum entstehen könnte. Etwa
durch das Kollabieren unseres Universums
wäre ein neuer Urknall möglich. Es sind
dies spannende, vielleicht sogar
beängstigende Themen. Die Möglichkeit,
das Universum könnte wie ein Luftballon
zusammenfallen, ist für unsere
unmittelbare Gegenwart zwar wenig
realistisch, aber auch nicht lustig.
Niemand will irgendwelche Crashes ins
Auge fassen.

Dennoch schlitterte die Erde seit eh und je
von einer Katastrophe in die nächste.
Schon zu Beginn ihres Bestehens

kollidierte sie mit dem Protoplaneten Theia. Laut Forschung wurden dabei Milliarden Megatonnen Sprengstoff entladen. Doch statt dass dies die Erde zerstörte, machte es das Leben auf der Erde erst möglich. Seit damals hat die Erde einen Mond und eine bestimmende Neigung ihrer Achse von 23,5 Grad. Der Planet Jupiter schützt die Erde sogar. Er zieht Kometen an, zerstört sie. So wäre 1994 der Planet Erde vom Kometen „Shoemaker" vernichtet worden, hätte ihn Jupiter nicht zersprengt und die Reste auf seine Oberfläche angezogen. Es gab damals Feuerbälle, größer als die Erde. Es seien die bislang größten gesichteten Explosionen in unserem Sonnensystem gewesen.

Die Wissenschaft verweist darauf, dass das Universum sich ständig ausdehnt. Die Forschung schafft es, das Video der

Weltentstehung sogar zurückzudrehen. Vom Beginn weiß sie zu berichten, dass der Urknall ein winziger Punkt geballter Energie war. Das Weltall hätte Platz in einer Hand gehabt und unversehens bildete sich binnen Millionsten mal Millionsten von Sekundenteilen ein Universum. Auf einmal war Zeit und Raum da. Im Moment der Schöpfung formten sich die Gesetze der Physik. Kurios, dass ausgerechnet ein Theologe und Physiker, Georges Lemaître, den Begriff „Urknall" prägte. Deswegen schätzen ja manche Forscher diese Bezeichnung gar nicht. Zu dem kommt noch, dass der Urknall es nicht sein kann, der Leben schenkt.

Seit eh und je gab es Kampf. Die Materie bestand den Kampf gegen die Antimaterie. Diesem Umstand verdanken wir unsere evolutionäre Existenz. Die Gesetze der Mathematik definieren das

Universum bis heute mit der Formel „eins und eins ist zwei". Wenn dem nicht so wäre, wäre gar nichts bestimmbar, nicht einmal das Einschenken einer Tasse Kaffee, lassen uns die Forscher wissen. Doch wie der Physiker und Essayist Hans-Peter Dürr es ausdrückt, „werden die Forscher zwar die Rillen einer Schallplatte untersuchen können, die Musik finden sie aber nicht".

Wenn die Naturwissenschaft schon das Wie nicht gänzlich erklären kann, wird ihr das Warum erst recht ein Rätsel bleiben. Sie beantwortet nicht, warum es Asymmetrie, warum es die Gravitation, warum es Wechselwirkungen gibt oder warum Sauerstoff leichter als Wasserstoff ist. Sie kann es nicht begründen, das ist auch nicht ihre Aufgabe. Sie erkennt und beschreibt die Phänomene. Was zum Big Bang geführt hat, ist nicht zu begreifen.

Der Urknall sagt noch nichts aus, wer oder was es zum Knallen gebracht hat. Dass der Stein von der Erde angezogen wird, ist ein deskriptives physikalisches Gesetz. Nirgendwo wird aber erklärt, warum das so ist. Magnetstürme werfen Milliarden Tonnen Sonnenenergie aus, ein Drittel der zivilisierten Welt könnte dadurch vernichtet werden. Wo liegen die Gründe, dass dies bislang nicht geschehen ist?

Parallel zur Brillanz der Naturwissenschaft zeigte sich gleichzeitig ihre Machtlosigkeit. Umso mehr drängt es den Menschen, über den tieferen Sinn der Dinge zu reflektieren. Keineswegs schleudert dies den Betrachter in Gewissenskonflikte. Aus keiner Wissenschaft, nicht aus der Biologie und nicht aus der Astrophysik konnte je ein nachweislicher Gegensatz zur christlichen Glaubenslehre geschmiedet werden. Was wir in

Jahrmillionen der Evolution erhalten haben, ist eine höchst göttliche Angelegenheit. Die Regeln der Evolution allein reichen nicht aus, Existenz zu erklären. Die Evolutionstheorie ist nur ein Modell der Erklärung und nicht die Tatsache selbst.

Wann trat das Bewusstsein in den Entwicklungsprozess? Vor vier Milliarden Jahren erkaltete die Erde. Vor 650 Millionen Jahren fror sie ein und wurde zur Katstrophe „Schneeball Erde". Vor zwei Millionen Jahren tauchte der Homo-erectus auf, nicht ganz Mensch, aber auch nicht Affe. Der Ursprung des archaischen Homo-sapiens wird in Afrika vor etwa 150.000 Jahren geortet. Rein biologisch müsste also eine Frau und ein Mann in Afrika den Beginn des menschlichen Stammbaums ausgelöst haben. Von dort aus zog der Mensch wellenweise in die

Richtung des heutigen Indonesien, Asien und nach Europa. Er war ja nicht dazu geschaffen, am Äquator stecken zu bleiben. Die Wissenschaft untersuchte „Out-of-Africa-Marker" in den unterschiedlichen Ethnien und kam zum Ergebnis, dass jeder Mensch, wo auch immer er auftaucht, Nachfahre der afrikanischen Auswanderer ist.

Wir erfahren von der Intelligenz, den komplexen Werkzeugen, den benutzten Lautsprachen. Sensationell mutet an, dass die menschliche Gesellschaft seit eh und je durch Sprache, Kunst und Musik geprägt war. Zur Identität gehört auch, dass der Glaube an eine höhere Macht immer schon präsent war.
Das Rad der Geschichte drehte sich weiter und zeigt das alte Ägypten als eine reiche Kornkammer. Das sprach sich herum, sodass von überall die Völker

herbeiströmten, um an dem gewaltigen Zivilisationsblock teilzuhaben. Eine Hochkultur baute sich auf. Die genialen Bauten der Pyramiden sind nicht zu übersehen. Die Pharaonen hatten sich in jedem Einzelfall ein Leben lang intensiv mit ihren Gräbern, das heißt mit ihrem Tod beschäftigt. Das Denken an den Tod war Pflicht. Fast schon surreal erscheint es, wenn Herrscher sich tagtäglich der Sorge widmen, auf welche Weise sie beigesetzt werden wollen. In dieses polytheistische Umfeld des Machtgefüges der Pharaonenverehrung taucht ein gewisser Moses hinein. Wie auch immer seine Figur biographisch interpretiert wird, unwiderruflich profilierte sich eine Hingezogenheit zu einem einzigen Gott. Wie kam es dazu? Der Protagonist des Monotheismus, des Glaubens an einen einzigen Schöpfer-Gott, war ein gewisser Abraham, der Stammvater Israels. Es ging

plötzlich darum, bewusst in der
Gegenwart des Absoluten zu leben. Gott,
JHWE, ist „Ich bin der Ich bin", also
Realität. Der Glaube an ihn entfaltet sich,
er wird nicht aufoktroyiert. Viele merken,
dass Gott keine Einbildung und auch keine
Erfindung des Menschen ist. Im Gegenteil
dreht sich die Vorstellung, es gäbe keinen
Gott, zum großen Aberglauben. Die
Geschichte des alten Israel geht also
weiter, bis es zur definitiven
Selbstmitteilung des Absoluten kommt.

5. WARUM IST ETWAS WAHR?

Wir leben in vollen Zügen in einer Welt, sind uns aber nicht so richtig bewusst, was sie ist. Wenn wir die meiste Zeit damit verbringen, nicht zu wissen, warum wir etwas tun, wird es uns Kraft rauben. Wenn es uns nicht interessiert, warum etwas passiert und was hinter den Dingen steckt, brauchten wir gar nicht weiter zu reflektieren. Wenn wir unser Leben nur in Episoden sehen, es parzellieren, werden wir es nicht in den Griff bekommen. Im Gegenteil, es wird uns auffressen. Nur arbeiten oder sich nur vergnügen, kann das Dasein nicht ausmachen. Am Ende weht es vorbei, ohne dass sich der Mensch erkannt hat. Das Nachdenken würde zur Farce werden. Was soll dann unsere Existenz überhaupt? Es braucht

Zuversicht, um das Richtige zu erkennen. Anders wird es nicht möglich sein, sich in die Daseinsfreude zu legen. Achten wir doch darauf, uns nicht als Unterworfene des Alltags befangen zu zeigen.

Tollwütige Irrationalität richtet genug Schaden an. Sie spielt sich ab, wenn blasierte Einfalt über uns hereinbricht. Nach Blaise Pascal ist „die menschliche Existenz durch ein latentes Bemühen geprägt, der Langeweile durch Zerstreuung zu entfliehen, um von der Sinnlosigkeit abzulenken". Gefühle malen nun einmal in unterschiedlichen Farben. Aus sich heraus sind sie nicht in der Lage, Licht ins Dunkel zu werfen. Manchmal sind sie sogar Ausdruck von düsterster Rohheit. Erfüllt die Eigenschaft der Gefühle unsere Erwartung von Glück? Nur ein ganzheitliches Wohlbefinden wird es zustande bringen, uns zu befriedigen. Was

macht den Unterschied zum Alltäglichen aus? Wofür schinden wir uns ab? Was führt uns aus dem Dunkel?
Interessant wird es, wenn wir uns dem Erkennen nähern. Worin der Sinn der ganzen Sache liegt, ist keine utopische Frage mehr. Er wird uns aus der Beschränktheit unserer Sichtweise herausführen. Uns auf die Zeitachse zu reduzieren, wäre kontraproduktiv. Vielleicht ist Zeit wirklich nur eine Funktion, die unser Sein gar nicht so sehr bestimmt. Der Philosoph Ortega y Gasset bezeichnet „die physische Zeit und den physikalischen Raum als das schlechthin Geistlose in der Welt". Zeit wirkt krankhaft, versucht man sie festzuhalten. Ihr nachhecheln, macht nicht glücklich.

Das Dazwischen gibt den Ausschlag. Mittendrin leiden wir, freuen wir uns und denken. Was wir daraus herausholen, wird wertvoll sein. Die Inkonsequenz von Zeit lässt sich am Ereignis einer Silvesternacht beobachten, wenn man von A nach B fährt und den abebbenden Raketenzauber verfolgt. Der Sinn hebt die Zeit auf. Heißt es doch, „Alles was sein wird, ist bereits geschehen". Die Relativität der Zeit würde bedeuten, dass die Milliarden Jahre der Entstehung der Welt womöglich nur ein Augenblick sind. Wie entstand Materie? Wie ist das Körper-Geist-Seele-System zu verstehen? Wohin steuert das Menschentum?

Blicken wir auf die umfangreiche Karte der menschlichen Ideen. Auf dieser mentalen Wanderung werden wir vom Nachdenken über den eigenen Status durchdrungen. Der Wasserfall der Gedanken hört nicht bei der Aktualität auf, sondern erstreckt sich unweigerlich auf die Weite des Daseins. Wir sollten die

Naivität abbauen, dass es perpetuell so weitergeht, wie wir es wollen. Checken wir einmal den hypothetischen Fall eines überdurchschnittlich frohen Menschenlebens, dem in regelmäßigen Intervallen ein erquickliches „dann" beschert ist: Mit Gesundheit und Geborgenheit ausgestattet findet sich unsere Schlüsselfigur in einem wundervollen Umfeld. Behütet wächst sie auf, dann genießt sie eine gediegene Ausbildung, dann ist sie für „reif" erklärt, dann erhascht sie noch hohe Wissensattribute, dann steigt sie konsequent die Leiter im Berufsleben hinauf, dann erfährt sie familiäres Glück, dann wird sie sogar überdurchschnittlich reich und genießt so richtig all das Erworbene, dann ... und dann? Es geht nichts weiter, sind wir gedanklich bereits eingerostet? Trotz jeglicher Optimierung in irdischen Belangen, trotz Macht oder

Glück macht sich eine unbegreifliche Leere auf. Irdische Wunschträume sind brüchig. Ohne Plausibilität, also ohne Stimmigkeit, Glaubhaftigkeit und Gewissheit kann das Leben nicht gelingen. Wenn wir an der Vergänglichkeit, damit auch an der Nutzlosigkeit allen Tun und Handelns festhalten, was macht es noch für einen Sinn, dass wir überhaupt existieren?

Wo liegt der Sinn, wenn wir auf Bahnhöfen oder Flughäfen warten, um irgendwohin zu gelangen? Wozu setzen wir uns ein, um den Lebensunterhalt zu verdienen? Wofür brauchen wir noch Entspannung, wenn soundso alles Mühen wieder von vorne beginnt? Sind wir dazu degradiert, im Hamsterrad uns tot zu laufen? Das allein kann es doch nicht sein, sagt uns die Vernunft. Wenn wir uns mit etwas beschäftigen, könnte es auch bedeuten, dass wir etwas noch vermissen. Wir brauchen den Druck nicht, auch nicht die künstliche Anspannung, lediglich die befreiende Hingabe. Wir werden die verborgenen Ziele schon finden, die uns motivieren. Wir müssen nur im Auge behalten, was Zukunft ausmacht und wie sich die Gegenwart daraus entwickelt.

Ein unbefriedigendes Dasein sollte man möglichst rasch mental ad acta legen. Aber wo bleibt die Vorstellung des uns Zumutbaren? Es gibt da schon etwas, das wir erreichen könnten. Es ist mehr als der Zustand passiver Lethargie. Ein seltsames Empfinden befällt uns. Was steckt hinter dem Ganzen? Spätestens da müssten wir uns am Schopf packen, symbolisch wie an dem des jugendlichen Gottes der Antike, Kairos, wenn er so dahineilte. Dem altgriechischen Mythos nach war er verantwortlich für den günstigsten

Augenblick einer Entscheidung. Vorne mit
Glatze, trug er am Hinterkopf den
berühmten Schopf, den man festzuhalten
versuchte. Daher stammt der bis heute
gebliebene Ausdruck, „die Gelegenheit
beim Schopf packen". Er verkörperte die
Kombination der verschiedenen
Zeitformen von Schnelligkeit, Langsamkeit
bis hin zum Warten. Erfassen wir doch die
Gelegenheit. Halten wir den Kairos fest,
den Wert der Zeit, nicht den Kronos, den
Ablauf, der soundso dahinschwindet. Wir
forschen nach unserem Ursprung und
prüfen, wozu wir überhaupt da sind. Zur
Quelle zurückführen bedeutet, auf das
Neue zugehen. Wir stellen fest, dass nur
das Göttliche im Kairos alles verändern
kann.

Das Individuum stellt sich gerne in den
Mittelpunkt, aber es ist nicht für sich
allein da. Zufrieden oder unzufrieden, es

blickt auf die positiven Zustände im selben Maße wie auf die negativen. Beide beeinflussen seine Stimmungslage. Aber was bringen die Widersprüche letztlich? Das im Zig-Zag gemalte Bild ist falsch, das bist nicht du, das bin nicht ich.

Irgendwann wird nicht mehr agiert. Auch nicht mehr gedacht? Geht alles verloren? Der Mittelpunkt ist ganz wo anders zu suchen. Vielleicht findet er sich in der Zuwendung. Wir brauchen sie allemal. Wird es ein ungleicher Wettlauf zum Mittelpunkt? Der Kern der Dinge liegt, wie kann es anders sein, im Übernatürlichen. Die Beziehung wird nicht aufgezwungen, sie ist freiwillig. Also ist es doch kein Roboter, der ausspuckt: „ich liebe dich" und tut es. Wo Glauben verweigert ist, hat Hoffnung wenig Spielraum. Wichtig ist, nicht ins Dunkel zu fallen. Sagte nicht jemand: „Du bist das von Gott geliebte Kind"?

Wenn das Glauben die Rettung bedeutet,
also dazu da ist, Gefahren abzuwenden,
bekommt das Wollen eine eigene
Relevanz. Wollen ist an Absicht gebunden.
Es bestimmt den Kurs, es zieht die
Umsetzung nach sich. Andauernd sind wir
angestachelt, aufzustehen und etwas
auszuführen. Andernfalls bliebe uns nur
übrig, uns hinzulegen und
dahinzudämmern. In Apathie zu verfallen,
wäre kein guter Anspruch. Darin liegt der
Unterschied zwischen Vorsehung und
Schicksalsgläubigkeit, dem so
bezeichneten Kismet.

Was macht es aus, nicht die Schnelligkeit
eines Wanderfalken, die Leichtigkeit einer
Gazelle oder die Schwimmfertigkeit eines
Delphins imitieren zu können? Der Stil des
Menschen liegt ganz wo anders. Sein
Schlüssel ist die Veränderung. Damit
eröffnet er sich die Wiederherstellung des

Ursprünglichen. Er wechselt in neue Sphären. Sobald die Hoffnung am Horizont aufsteigt, heißt es los zu starten. Ein neues Zukunftsbild erscheint am Radar. Kann man es rechtzeitig lesen? Die Wünsche sind im Voraus nachweisbar. Was wird gedacht? Ungeduld ist fehl am Platz. Die Melancholie der Vergesslichkeit geht dahin. Doch wenn die Gleichgültigkeit überhandnimmt, schadet das unserem Informationsfluss. Bei aller Horizonterweiterung muss sich der Mensch auf das Wesentliche konzentrieren.

Wir sind nicht in der Lage, mit Sinnlosem umzugehen. Die Sinnantwort ist keine wissenschaftliche Aussage. Rupert Lay meint dazu: „Die Sinnantwort wird nicht durch die letzten Dinge gegeben, sondern durch die nächsten. Nicht vom Lebensende erhält Leben Sinn, sondern von den ungezählten kleinen nahen Dingen. Der Tod ist nicht der Sinn des Lebens, sondern das Leben ist der Sinn des Todes" Und aus der Musikwelt hört man den italienischen Stardirigenten Riccardo Muti sagen: „Es ist nicht das Leben, das stirbt, sondern der Tod. Mit dem Ende des Körpers beginnt das Leben", übrigens eine Inschrift am Grab des berühmt begnadeten Komponisten Giuseppe Verdi.

Nicht das abrupte Ende steht bevor, sondern das, was wir als Vollendung verstehen. Erst nach der Zeit ist die Erfüllung zu erwarten. Der Weg dorthin ist nicht nur weit, er ist mühsam. Was ist Zeit, was ist Gefühl? Gefühlte Zeit? Die Erde ist nicht der Ort, wo wir verkünden, hier bin ich Mensch, hier will ich bleiben. Der Mensch als „Homo Viator" ist ständig unterwegs auf der Suche, schauend, lernend, hoffend. Irgendwann stehen wir dann vor der Perfektion, dem Vollbild, einem Optimum. Auf das Grab folgt das Leben. Wenn wir das zur Kenntnis nehmen, dann können wir auch glauben. Marie Curie, die Entdeckerin der Radioaktivität, sagt: „Wir sollen keine Angst haben zu träumen. Wir sind nicht durch Zufall auf dieser Welt, es gibt einen Grund". Was für eine faszinierende Idee, mit dem Tod einen neuen Anfang zu machen. Wenn wir im Leben alles verlören, inklusive aller uns lieb gewordenen Tools wie Mobiltelefon oder Computer, würden wir dann erschrecken, nichts mehr schaffen zu können? Manche würden motiviert weitermachen, andere nicht. Wenn wir scheinbar alles verloren haben, sind wir erst recht auf einen Wertekatalog angewiesen.

Der Tod ist kein zurückversetzter Count-

down des Lebens. Im Christentum erhält
er eine eigene Bedeutung. Er offeriert die
Hoffnung, dem Urgrund des Lebens zu
begegnen. Aufgrund unserer dualen Natur
sind wir auf ein Vorher und ein Nachher
programmiert. Wie weit reicht die Natur,
um zum Übernatürlichen zu gelangen? Im
Dualen verbinden wir unsere materiellen
und immateriellen Entitäten. Sie
interagieren, verwirklichen sich
miteinander, wie es Karl Popper, der
Wissenschaftstheoretiker und John Eccles,
der Hirnforscher in ähnlicher Weise
kommentieren: „das Leben selbst
produziert den Sinn. Wer Leben negiert,
schafft Unsinn". Wer Unsinn schafft, treibt
dahin. Warum sich also dumm stellen? Es
lohnt sich, sich nicht einfach wegspülen zu
lassen.

Doch wie auf das Wahre des Lebens
treffen? Es diktiert ja die Mode mehr als

die Wahrheit. Der Kirchenlehrer und Philosoph Augustinus verweist darauf, dass sich der Mensch der einen Autorität bedienen muss, um die Wahrheit zu finden. Sie setzt sich am Ende durch, während die menschliche Autorität immer zu hinterfragen ist: „Gott irrt nie, der Mensch schon". Von allen Generationen, den vergangenen und den kommenden, würde die Logik erwarten, dass sie anerkennen, dass das Essenzielle nicht vom Menschen kommt. Es stellt sich daher die Frage, was definitiv Bestand haben wird. Alle anderen Variationen, alle unsere eigenen Vorlieben werden das Befreiende nicht bringen. Sie reichen nicht aus. Wenn das jeweilige Umdenken funktionieren könnte, wäre es den Versuch wert, darauf einzugehen.

6. KONFRONTATION MIT DER WAHRHEIT

Was ist also Wahrheit? Auf diese berühmte Frage, die der römische Statthalter Pilatus an Jesus stellte, bezieht sich die Philosophie immer wieder in den verschiedensten Variationen. Bleibt sie bloß eine Verhöhnung wie die des römischen Stadthalters mit mondänen Machtillusionen, oder rumort sie nicht doch unbeirrbar auf ewige Zeiten in der menschlichen Seele? Leben wir von Wahrheiten oder nur von Wahrscheinlichkeiten? Ist Wahrheit überhaupt noch gefragt oder konzentrieren wir uns gemäß der Aufklärung allein auf unser Wohlergehen? Da müsste doch nach der Quelle unserer Menschlichkeit geforscht werden, ohne

dass man in Scheinwelten abdriftet.
Ein Mix von vielen Wahrheiten kann es
nicht geben. Das würde Wahrheit
unglaubwürdig machen. Wo liegt also ihr
Kern? Für den Menschen geht es darum
sie zu suchen, um sie anzuerkennen oder
abzulehnen. Mit welchen Mitteln gehen
wir ihr nach? Einwandfrei werden wir sie
genauso wenig definieren können wie die
Gerechtigkeit. Es gibt ja verschiedene
Gerechtigkeiten. Wir verabscheuen
Ungerechtigkeit, Gewalt, Diffamierung
oder Ignoranz. Deswegen haben wir uns
damit zu beschäftigen, ohne selbstherrlich
zu werden. Der weise König Salomon
beweist irgendwie Humor, wenn er sagt:
„Sei nicht allzu gerecht und nicht allzu
weise, dass du dich nicht verderbest". Ein
guter Approach wäre, dankbar zu sein für
die Talente, die man bekommen hat. Wir
sind nicht allmächtig, wir können nicht
apodiktisch irgendeine Gerechtigkeit

einfordern. Wahrheit gibt es nur eine,
Gott gibt es nur einen. Mit Wahrheit
interpretieren wir keine Interessen. Allzu
leicht verfallen wir der Versuchung,
Wahrheit wegzukehren.

In Wirtschaft und Politik wird die
Wahrheit des ständigen Wandels recht
deutlich demonstriert. Neuerdings ist
nicht die Veränderung das Problem,
vielmehr die Geschwindigkeit des
Wandels. Manager pflegen an
Problemlösungen heranzugehen, indem
sie zunächst die Sachverhalte definieren.
Als die Globalisierung in den Trend kam,
wurde der Background der
Werteökonomie vernachlässigt. Künftig
wird also in der Wirtschaft das
Management der Nachhaltigkeit
überzeugen. Dem Trabanten der
ökonomischen Wahrheit könnten wir uns
am ehesten nähern, wenn wir die

Ethikschirme konsequent nützen.
Wollen wir Werte in Frage stellen,
Verlogenheit der Ehrlichkeit vorziehen?
Wollen wir Wahrhaftigkeit von
Berechenbarkeit abhängig machen? Wenn
das eine Absicht sein sollte, werden
Werte nicht mehr als Lösungsimpulse
gesehen. Nicht das schlaue
Philosophieren macht die Endergebnisse
aus, sondern der Denkanstoß zur
konkreten Nachbesserung. Das
Aneinanderreihen unserer Schritte in
Richtung Transzendenz ist dabei gar nicht
so notwendig. Das Absolute selbst kommt
auf uns zu. Das gilt es zu leben.

7. NICHTSEIN ODER SEIN

Warum tun sich manche Menschen so schwer, das Wort „Gott" zu lesen oder es gar dann noch in den Mund zu nehmen? Es gibt auch solche, die in ihrer Reaktion wütend werden. Fürchtet man sich womöglich vor dem Begriff, der für das menschliche Sein zentral positioniert ist. Oder liegt es daran, dass die geistige Beschäftigung doch nicht so einfach erscheint. Da meint man dann wirklich, dass die vielfach zitierten „Armen im Geiste, die ein reines Herz haben", bevorzugt sind. Für die einen ist die Auseinandersetzung mit dem Geistigen zu aufreibend, für andere irrelevant, wieder andere kommen ohne das geistige Controlling nicht aus. Zahllos sind die, die sich dennoch der Aufforderung stellen.

Von Augustinus wird erzählt, wie er anfangs überschwänglich den Modus eines Lebemanns genoss. Das ausschweifende Leben machte ihn nicht glücklich. So ging er auf die intellektuelle Suche. Seine Umkehr in ein kontemplatives Leben, in dem er die Wahrheit für sich fand, war nicht minder intensiv. Er wurde zu einem der Großen der europäischen Geistesgeschichte. Er zeigte auf, dass Erkenntnis letztendlich eine Form des menschlichen Existierens ist. Erkenntnis ist mehr als nur eine Funktionsschraube, die sich dann einfach leer dreht. Es geht um Inhalte. Seiner Überzeugung nach ist das Glauben die Bedingung, dass wir Wahrheit erkennen. Ein anderer Philosoph, Thomas v. Aquin, definiert die „Wahrheit als Angleichung von Sache und Intellekt". Ohne Vernunft ist der Glaube in Gefahr, fundamentalistisch zu werden.

Thomas v. Aquin's Prinzip des Intellectus
fidei, des Glaubensintellekts, besagt, dass
glauben ohne zu denken und denken
ohne zu glauben nicht funktioniert. Der
Mathematiker Blaise Pascal definiert das
Glauben als den Gebrauch und die
Unterwerfung des Verstandes. Das
menschliche Empfinden setzt sich letztlich
aus Gefühlen und Gedanken zusammen.
Was machen Gefühle aus uns?
Gänsehaut-Feeling animiert. Gute
Stimmung, tolles Ambiente, sanfte bis
ekstatische Ausgelassenheit fördern
unsere Einbildung. Sie animieren
allerdings nur temporär, denn die Zone
der Mega-Party garantiert noch kein
Glück. Die Gefühle enden irgendwo in der
Angst, dass das Positive entflieht. Der
Intellekt muss also die Architektur des
Glaubens bejahen. Bleibt die Frage offen,
inwieweit wir uns mit ihr beschäftigen
wollen. Die Mystikerin Teresa von Avila

differenziert weiter, wenn sie sagt, dass
der Verstand eine doppelte Funktion hat:
„das diskursive Nachdenken einerseits
und das intuitive Schauen andererseits".

Ist Glauben, egal ob bejahend oder
verneinend, bloß eine psychologische
Projektion des Menschen? Projektionen
wären untauglich, einen allumfassenden
Überblick zu erstellen. Vor allem sind sie
ungeeignet, das Übernatürliche
auszuleuchten. Der Psychotherapeut
Manfred Lütz interpretiert das Glauben
„als Gewissheit, die weit mehr ist als nur
Wissen". Glauben ist erstrangig eine aus
Erfahrung resultierende Einsicht. Sie
findet am sichersten ihren Grund beim
Urheber von allem. Das gilt es vorderhand
zu bedenken. Wer dies von sich weist,
wird vermutlich die spirituelle Erfahrung
gar nicht machen. Der Rauheit des

Bewusstseins steht das Heilbringende gegenüber. Zuerst wird alles zusammengetragen, dann verarbeitet, schließlich anerkannt und vernetzt.

Warum also an der zentralen Botschaft des Seins vorübergehen? Keinen Sinn macht es, in den Irrsinn des Revoltierens abzugleiten. Dies wäre unökonomisch, eine Verschwendung von Energie. Demzufolge ist die Beziehung zur Qualität des Seins doch anziehend. Sie füllt in ihren Formen das Leben aus. Das Qualitätsmerkmal ist nach christlichem Dafürhalten die Liebe. Sie ist kein Gefühl, das kommt und geht. Einer Wand zu sagen: „Ich liebe dich", wird keine Resonanz erhalten. Wird es einem persönlichen Gegenüber gesagt, entsteht psychische Wärme. Das ist das Grundlegende von Beziehung. Wir brauchen keine Robotik, die uns

vermittelt „ich liebe dich". Unsere
Aufmerksamkeit müsste sich viel mehr
dem Übernatürlichen zuwenden. Darin
liegt der Sinn unserer Existenz. Dies zu
leugnen, würde das Sein unwirklich
machen. Wenn es Zeit nicht gibt, oder
einmal nicht mehr gibt, wird es dennoch
Liebe, eben Liebe ohne Zeit geben. Das ist
die Referenz des Göttlichen.

8. WICHTIGER IST DER SINN

Kennen wir unser sinnsuchendes Ich? Wir bemerken, dass die Gefahr groß ist, sich vom Sinn abzukoppeln. Allzu groß sind die Verlockungen der Irrtümer. Die ganzheitliche Entwicklung geht dennoch alle an. Sie ist ja höchst persönlich. Alle sind betroffen, aber nicht alle sind dabei, über die Essenz des Daseins nachzudenken. Sind wir uns noch dessen bewusst, dass wir zum Denken berufen sind? Die Prädisposition dazu hätten eigentlich alle. Schade, dass nicht alle sie auch nutzen. Mit Intelligenz gewinnt man bei der Masse kein Wohlwollen. Die Menge vertritt viel lieber die zahlreichen Formen des Irrationalen. Die aggressiven Irrtümer lassen sich nicht so leicht ausschalten. Wer schätzt schon die eigene

Erregung richtig ein? Sollen wir etwa, von der Masse erdrückt, liegen bleiben? In einem solchen Zustand gibt der Geist Kraft. Er erhöht die persönliche Entschlossenheit. Dann nehmen die Dinge plötzlich einen anderen Verlauf.

In der Bibel findet sich der essenzielle Auftrag, „das Salz der Erde zu sein". Es trifft den Kern des Zwiespalts. Ein realitätsnahes Glauben motiviert, das Bedeutungsvolle in das Zentrum des Lebens zu stellen. Was entgeht uns, wenn wir uns dem nicht anschließen? Aktuell sind die Fähigkeiten des Menschen noch nicht an die ultimative Zukunft adaptiert. Darin liegt wahrscheinlich der Grund für jeden Zweifel und für Zynismus. Wir Menschen wehren uns nach wie vor gegen die Angst, ins Nichts zu fallen. Die Interaktion zwischen dem Göttlichen und dem Menschen findet individuell mit dem

Einzelnen, nicht mit der Masse statt. Das Kollektiv ist nichts Besonderes, es verweilt im Mediokren. Es will gegen die Vernunft revoltieren. Es beschäftigt sich mehr mit sich selbst als mit dem einzelnen Individuum. Es bläht sich auf, um dann als nutzlose Blase zu zerplatzen.

Gut, dass sich die göttliche Idee an jeden Einzelnen von uns richtet. Nicht die Menge wird sich mit dem Göttlichen vereinen, sondern das Individuum. Es wird Gott suchen und ist auch imstande, Gott zu ehren. So steht es geschrieben. Es gibt auf dieser Welt ungemein viele schlimme Sachen, die wir nur oberflächlich mitbekommen, wenn wir sie nicht selbst erleben. Gerade dann sind wir für das Metaphysische empfänglich. Wozu aber die Sicht von vornherein auf das Negative richten? Im Kontrast dazu steht das Positive. Wir Menschen tun uns nur schwer, es für wahr zu halten. Wir haben aber das Privileg, vom Göttlichen quasi berührt zu werden, das heißt Licht aufzunehmen. Lassen wir uns dies auf der Zunge zergehen. Was gibt uns die Kraft, wo finden wir die Energie, wie gelangen wir aus dem Dunkel zum Licht?

Die Wahrscheinlichkeit ist hoch, dass uns irgendwie, irgendwann das Gefühl überkommt, irgendetwas fehle noch in unserem Leben. An diesem Punkt müssen wir uns entscheiden. Wir kämpfen gegen die Fatalitäten, wir dürfen nur nicht stehen bleiben. Dabei registrieren wir, dass allein der Mensch zum Größenwahn fähig ist. So mündet er in den Irrungen von Pseudoreligionen. Diese haben die Tendenz, gegen die Mitmenschen zu hetzen. Ehemalige Scientology-Anhänger wissen zu berichten, dass ihnen als Aussteiger aus diesem Club Angst und

Einschüchterung übrig blieb: „Wer dort
das Licht suchte, fand die Dunkelheit".
Bevor Angst und Einschüchterung
überraschend auftauchen, sollte überlegt
sein, auf welche Gemeinschaften man sich
einlässt.

Wir finden uns wieder an dem Punkt, wo
sich die Gefühle mit dem Verstand
verbinden. Den Segen des Göttlichen
erfahren wir wohl eher im Danken als in
der selbst zusammengebrauten
Egomanie. Die Inspiration bleibt Sache des
Einzelnen. Ihr Funke trifft immer das
Subjekt. Ist das Vorhaben unseres Lebens
eine Selbstverständlichkeit geworden,
über die man nicht mehr sprechen muss?
Alle leben drauflos, die wenigsten reden
vom Ziel. In den Jahren des psychischen
Reifens drängt sich dann doch die Frage
nach dem Lebenssinn auf. Wir könnten sie
zum Schweigen bringen, indem wir uns in

uferlose Aktivitäten stürzen. Andere versuchen, den mangelnden Sinn durch Konsumaufwand auszugleichen. Der Irrtum dringt dort durch, wo das Reale verleugnet wird. Wir neigen dazu, seine Bedeutung zu minimieren oder sogar das Ganze verdreht zu interpretieren. Dann lebt man nicht sein Leben, sondern wird gelebt. Wir werden die Fragen nicht so einfach abblocken können, wir suchen die Antworten. Das erfolgt nicht konfliktfrei.

Wenn Menschen sich nicht an der kosmischen Realität ausrichten, wird die innere Zerrissenheit unüberwindbar. Vorrangig sollte man das Unsinnige verdrängen. Wohl oder übel kommt dann der eigentliche Sinn ins Spiel. Er kann keineswegs erzwungen werden, er ist geradezu da. Sinn fordert Orientierung. Desorientierung bauscht sich auf, sobald die Richtungsweiser fehlen. Sie führen geradewegs zur Transzendenz. Wie wird es weitergehen? Lebenssinn muss aktiv geschaffen werden, auch wenn das, was wir erreichen immer nur Stückwerk, immer unvollendet und unvollkommen ist. Wir sollten die richtige Deutung finden, da müssen wir hindurch.

Der zynisch gewordene Zeitgenosse definiert sein korruptes Lebensverhalten mit überzeugender Egomanie. Es kommt aber nicht ausschließlich auf ihn an. Sein unerschütterlicher Glaube daran, dass es einfach so weiter geht, fördert die Tragödien des Lebens ins Exzessive. Der Kosmos dreht sich nicht um den Menschen selbst. Er hat das Höhere anzuerkennen. Er wird wiederholt feststellen, dass ihm zu wenig Macht zur Verfügung steht, auch wenn er unentwegt in der Produktionsstätte massiver Anti-Spiritualität arbeitet.

Steuern wir also auf ein Motto zu, es nütze eh alles nichts? Wäre es doch nicht besser, das versprochene Leben zu wählen? Es geht um die gelungene Beziehung zum Transzendenten. Es wäre ein Entwurf zur persönlichen Herausforderung. Zur Wahrheit gibt es keine alternativen Sichtweisen. Sie wäre sonst unwahr. Der begehrliche Blick darauf, selbst die Allmacht übernehmen zu wollen, hat der Menschheit schon einmal geschadet. Es ist die biblische Grundaussage eines zunächst irreversiblen Fehlers, der sich ständig in der Menschheits-geschichte ereignet. Er wurde nur durch das unerschütterliche Festhalten des Absoluten am menschlichen Wesen bereinigt.

Warum sind wir überhaupt in diese Welt als reflektierende Wesen hineingeboren? Diese Frage wirbelt geradezu die Suche nach dem Sinn auf. Es gehört zum Reifeprozess des menschlichen Geistes, die Kommunikation mit der Höheren Macht zu pflegen. Das Denken wird dadurch leichter und freier. Es gibt diese Berührung des Irdischen mit dem Überirdischen. Solche Erfahrungen geschehen im Privaten genauso wie im Öffentlichen. Wie wirkungsvoll ist doch die aufrichtige Gesinnung des Persönlichen. Sie lässt das Individuum in seiner Gesamtheit frei aufatmen. Deswegen moniert die Bibel zur einfachen Klarheit, zum sogenannten Kindlich-Sein. Es hilft, Konflikte, leichter zu meistern. Macht es nicht mehr Freude, kindlich und nicht hedonistisch unterwegs zu sein? Das Hedonistische hat meist ein abruptes Ende, das Kindliche eröffnet neue Perspektiven.

Der Psyche tut es gar nicht gut, nur über

die Rauheit der Dinge zu grübeln. Unvermutet rutscht man in die Trostlosigkeit ständiger Verbitterung. Es stimuliert also doch, mit dem Absoluten zu kommunizieren. Den Versuch wäre es wert. Rennen wir im Unwissen daran vorbei, erfüllen wir nicht unser Sein. Wie wäre es mit der Aussicht auf mehr Zuversicht zur Freude? Mit dem Göttlichen sind wir in jedem Stadium liiert, ob in der Müdigkeit, ob in der Euphorie, ob im Übermut oder in der Verzweiflung. Fehlt also nur noch die Absicht, bewusst mit ihm zu kommunizieren. Diese Bemühung sollte nicht misslingen, andernfalls ginge der Sinn verloren.

Was ist ein zielerfülltes Leben? Wir müssten lange darüber nachdenken und kämen dennoch zu keinem Ergebnis. Die schlüssige Weisheit wird uns darauf lenken, dass wir nicht ausschließlich auf uns selbst angewiesen sind. Was wir an Positivem erhalten, ist immer ein Geschenk. Auch wenn es uns gegeben wird, müssen wir es uns oft erst erkämpfen. Im Klartext heißt das, dass wir einer Leitung bedürfen, die außerhalb unserer naiven Erkenntnis steht. Wir erreichen einen Status, den wir nicht selbst zusammenbasteln können, auch wenn wir es wollten. Wildes Herumstrampeln bringt uns nicht weiter. Wir müssen Vertrauen aufbauen, vor allem jenes, das der Zukunft geschuldet ist. Dies hat nichts mit Zufall zu tun. Das göttliche Vertrauen geht im Gleichschritt mit der Zuverlässigkeit der Wahrheit. Das Unwichtige geht vorüber, die Essenz bleibt. Diese Ressource existiert, nur wird sie vermutlich zu selten genutzt. Wir mögen die geistige Elastizität und die körperliche Robustheit pflegen, doch die eigene Identität verlangt nach mehr, nach persönlicher Geborgenheit.

9. LEBENSFILM UND TRAUM

Was erahnen wir in der Vorstellungswelt
von Träumen? Wie Filme ziehen sie an
unseren Augen vorbei. Machen wir einmal
keine Analytik, hören wir einfach hin. Es
gibt Menschen, die gar nicht träumen und
jene, die nur auf das sinnlich
Wahrnehmbare vertrauen. Werden denn
die Träume nicht auch mit den Sinnen
aufgenommen? Schlaferlebnisse sind
wissenschaftlich immer noch nicht so
richtig entschlüsselt. Die Neurobiologie
erkennt zwar neuronale Aktivitäten mit
Erregungsmustern, aber die erlebbaren
Vorgänge sind nicht ablesbar. Dafür ist
experimentell sichergestellt, dass Träume
Auswirkungen auf das sogenannte
Wachleben haben.

Es ist nicht immer Mist, was wir träumen. Komponisten, Dichter und Denker entnahmen oftmals ihre Eingebungen ihren Schlafeinheiten. Solche Parallelwelten sind schwer berechenbar. Wir sollten sie aus unserer Gedankenwelt nicht ausklammern. Traumerlebnisse verweisen auf alternative Zustände. Wir können sie nicht leugnen. Vielleicht erneuern sie unsere Gedankenwelt. Wir brauchen zur Erholung und Regeneration den Schlaf. Die Medizin betont die Notwendigkeit des gesunden Schlafes. Der Schlaf ist keine unnütz vergeudete Zeit, sondern Quelle für neuen Schwung und Kreativität. Wir sind also andauernd mit Kriterien konfrontiert, die wir zwar schwer erkennen, die aber die Existenz mitbegründen. Die Traumwelt stellt einen eigenen Modus des Erlebens zur Verfügung. Etwa einen Zugang zu weiteren Parallelwelten?

Traumerlebnisse sind nicht unter Zauberei einzuordnen. Sie bilden gegebenenfalls einen Spiegel des Verhaltens ab. Schließlich bieten sie eine eigene Erlebnisplattform. Manchmal erleben wir sie reaktiv, manchmal gestalten sie sogar unsere neuen Aktivitäten. Leider vergessen wir im Wachleben zu schnell, was da geschah. Ähnliches passiert, wenn wir beim Joggen gute Einfälle haben, die wir dann später mühsam ins Gedächtnis rufen wollen. Jedenfalls beeinflussen die Lektionen aus dem anders Erlebten unsere Vorgangsweisen. So manche Erzählungen berühmter Menschen bestätigen dies. Viele Weisheiten aus den biblischen Geschichten des Alten Testaments wurden aus Traumerlebnissen gezogen. Es gibt jahrtausendalte Überlieferungen von Schilderungen aus Traumreisen. Waren die Sensoren unserer Vorfahren unter Umständen sensibler?

Nicht die Bilder der verschiedenen
Sphären wurden verändert, sondern die
Rahmen scheinen ausgetauscht zu sein.
Nicht das Selbst-Fabrizierte, sondern das
Selbst-Erlebte hat Auswirkungen. Träume
können höchst erstaunlich sein, wenn sie
zu Transmittern von Einsichten werden.
Illusorisch wäre es, hemmungslos ihren
Code knacken zu wollen. Am besten
akzeptiert man die eigenen Filme, wenn
man sie kühl und objektiv nachempfindet.
Es ist sicherlich nicht ungesund, die Dinge,
die von innen kommen, zu pflegen. Sie
schaffen im Geist das Innovative. Sie
bereichern die Intuition, die etwas
anderes ist als Kreativität. Während
Intuition spontan erfolgt, setzt Kreativität
erinnerte Elemente kombinatorisch zu
neuen Bausteinen zusammen.

Da stellt sich dann noch die Welt des
Transzendenten ein, die wir nicht so

einfach von uns abweisen können. Sie ist
völlig anders, wir schenken ihr nur zu
wenig Aufmerksamkeit. Dennoch können
wir sie leben. Sie ist einfach da,
vollkommen präsent. Sie abzuschütteln
nützt nichts. Sie ist bereits Realität und
die Situation nur insofern schizophren als
wir befürchten, dass sie nicht möglich sei.
Obwohl wir ihr soundso nicht entkommen
können, bietet sich uns das Hilfsmittel des
Glaubens an. Wie verrückt ist es, dass wir
davor Angst haben, dass es so sein
könnte. Die Präpotenz entfernt uns vom
Absoluten. Ob so oder so, die Realität
kommt auf uns zu.

Decken wir unsere Erfahrungen auf, dann
verstärken wir die Stimmigkeit der
eigenen Handlungen. Es muss alles
zusammenpassen, um uns der Inspiration
zu erfreuen, die sowohl für die
fruchtbaren als auch für die bedrohlichen

Gedanken verantwortlich ist. Die großen Könner haben immer ein Rezept, das auf Intuition baut. Das Tun geht primär auf eine Art innerer Erleuchtung zurück. Die Neurowissenschaft ortet den Sitz der Intuition in den sogenannten Spindelzellen des Gehirns. Die Erfahrungen führen zur Bildung von Informationsblöcken. Daher ist Intuition nicht als magischer sechster Sinn zu erklären, eher als eine hochentwickelte Form des Denkens. Sie basiert auf den Prozessen der Blockbildung. Womit sich der Kreis zur Weisheit schließt. Die wertvollen Aussagen der alten Propheten werden auf diese Weise erklärbar.

Um Besonderes zu erreichen, bemühen wir uns, in Form zu bleiben. Wir erhalten unsere Funktionen aufrecht, so lange wir können. Die Kapazität des geistigen Wachstums sollten wir nicht unterschätzen, ebenso wenig wie den folgenschweren Absturz in die nicht wieder gut zu machende Hoffnungslosigkeit. Die Zukunft der Welt beschert dem einzelnen Subjekt keine Leere. Der Kern unserer Entwicklung liegt in der Motivation zum Geistigen. Die Anlagen und Voraussetzungen werden in der Spiritualität geformt. Was ist uns zumutbar? Angesichts der Trümmer der gelebten irdischen Irrtümer können wir soundso nicht anders vorgehen. Zerrissen und zerlöchert sind sämtliche Wahnvorstellungen eines unbefriedigenden Daseins. Aber die Lage ist nicht hoffnungslos. Darin liegt die Bedeutung von Zukunft. Es gibt etwas, das wir erreichen könnten.

10. ZIEL

Die Treppen sind zwar nicht bequem zu ersteigen, aber vielleicht staunt man einmal oben angekommen über den dargebotenen Luxus anderer Art. Die Antworten auf die wesentlichen Fragen nach dem Sein sind äußerst interessant. Wenn man sie nicht sucht und nicht findet, fällt man in die Ödheit des Sinnlosen. Da lohnt es sich, auf dem Gebiet der Erwartung neugierig zu sein. Nicht die Perpetuierung des Wissens ist entscheidend, sondern die Vertiefung der Erkenntnis und damit der Freude.

Was ist überhaupt der Zweck? Ist er das Ziel, der Nutzen oder gar die Wirkung? Der Weg ist das Mittel zum Zweck. Der Selbstzweck bleibt dabei nur Oberfläche. Der Zweck des Menschseins ist damit

begründet, sich auf die Suche nach dem
Göttlichen zu begeben. Macht es uns doch
hellhörig, wenn wir uns damit
auseinandersetzen, wie wir in die
Evolution eingebaut sind. Sie ist immer zu
neuen Überraschungen bereit und hört
damit nie auf. Ist sie für den Count-down
zum Weltuntergang mitverantwortlich?
Was ist sie eigentlich? Die Veränderung
per se? Wodurch wird sie bewirkt? Und
worin liegt unsere Aufgabe innerhalb der
Evolution? Es ist zu wenig, nur die Natur
oder nur den Fortschritt zu suchen. Heiligt
der Zweck wirklich die Mittel, ist der
Erfolg das Bestimmende? Viel wichtiger
wäre zu wissen, ob der Zweck heilt. Was
macht er aus unserem Bestehen, bringt er
uns vorwärts? Nur mit dieser Zielsetzung
macht er auch Sinn.

Wir können Hypothesen über ständig neue Phänomene, über schwarze Löcher im Weltall oder über das Genom in unserem Körper, oder was auch immer aufstellen. Die Weiten des Alls abzusuchen ist eine spannende Angelegenheit, aber nur dann sinnvoll, wenn man sich zuerst selbst gefunden hat. Wäre es nur ein vorüber rauschendes Abenteuer, würde alles, was wir tun, zum Sinnlosen degradiert. Die stumpfsinnige Aktivität könnte uns unter die Räder bringen. Im Grunde genommen tanzen wir seit eh und je um den gleichen Brei herum, weil es eine Bewegung des Immer-wieder-Kehrenden im Kreis ist. Die Theorien machen uns nicht besser, sie ändern nicht viel an unserer Situation. Wir sollten darauf achten, wohin sie uns führen.

Dem blinden Schicksal ausgeliefert sein,

welch ein Wahnsinn. Dies kann nur in die Irre, in die Verrücktheit treiben. Viel beruhigender ist es, sich dem göttlichen Prinzip zu fügen. Es ist ganz etwas anderes. Frei das anzunehmen, was mit einem geschieht, macht den Sinn erst ersichtlich. Dann können wir auch Werte erkennen und danach Prioritäten setzen. Wie strukturieren wir unser seelisches Leben? Es wird auf unsere Einstellung ankommen, also auch auf die Art und Weise, wie wir zu ihr gelangt sind. Wir konzipieren unser eigenes Lebensgefühl als konstruktives Erfolgserlebnis.

Ein notwendiger Lebens-Booster ist die Geborgenheit. Es ist nichts Unnatürliches, sich darüber Informationen einzuholen. Wenn wir auf das Wesentliche hinarbeiten, könnten wir fündig werden. Eine aufgeklärte Gesellschaft sollte dieses Bemühen unterstützen. Die

Voraussetzungen dafür müssen gar nicht erst erfunden werden, sie stehen bereits zur Verfügung. Dennoch sträuben wir uns, die Bindung an das Immaterielle zu kultivieren. Wir wollen einfach nicht zugeben, dass darin die Voraussetzung für einen geordneten Lebensaufbau besteht. Der Spielraum wird nur all zu leicht durch Ersatz-Visionen verfälscht.

Was ist das Atmen oder die Emotion? Als Attribute gehören sie zu uns genauso wie das Glauben, vor allem dann, wenn wir unser Leben bewahren und nicht zerstören wollen. Anstatt sich gedanklich der Vergänglichkeit zu übergeben, wäre der Gedanke an den Sinn schon angebrachter. Führt uns der Zweck in die Imagination oder in die Wirkung? Jedenfalls nicht ins Ephemere, ins Vorübergehende, ins Belanglose. Das macht die Erwartung des Positiven aus. Ist es das, was wir mit Fülle des Lebens

gerade noch erfassen können? Die
Prophetien könnten vollzogen werden.
Dieses Stück Weisheit führt uns weit
hinaus über unsere Grenzen. Der
Vertrauens-Bonus erhält das Leben
aufrecht. Der Dank, den wir versprühen,
schmeckt süßer als der Sarkasmus der
Bitterkeit, dass alles vorübergehen würde.

Das echte Danken spielt sich nicht in
Formalitäten ab. Es ist eine Haltung, die
im Sein ihren zentralen Stellenwert
einnimmt. Sie ist an den eigenen Willen
gebunden. Danken kann man nur einer
Person, also zeigt man die definitive
Dankbarkeit einem persönlichen Gott.
Person ist nicht gleich körperliche Gestalt.
Die Urkraft liegt dann doch in einer
Person. Manche gehen in Opposition und
fragen, wofür sie eigentlich danken
sollten. Eigentlich gäbe es recht viel, was
der Mensch nicht in der Hand hat und

trotzdem positiv erleben möchte. Die Schwere des Seins kann von der Leichtigkeit des Seins abgelöst werden. Können wir überhaupt noch staunen oder haben wir es uns abgewöhnt?

Die Psychologie des Seins müssen wir nicht erst erlernen. Sie umhüllt uns, trägt uns voran. Wir brechen aus der Enge des Raumes heraus und übergeben uns neuen Horizonten. Wir bestimmen sie nicht, wir geben uns ihnen hin. Im Best-Case wachen wir in einer Dimension der Erfüllung auf. Es müsste uns doch reizen, darauf hin zu arbeiten. Wie Adler segeln wir in die Weite, die uns umfasst. Sind wir auch getragen vom Aufwind des Seins, die Schwingen müssen wir schon selber schlagen. Mit dem Auftrieb, dass nicht alles umsonst ist, dürfen wir nicht fahrlässig umgehen. Es gibt immer das, was wir versuchen zu verstehen. Es

erinnert uns an den Sinn. Sich dem
Urgrund anzuvertrauen, wird zur
Paraphrase, zur Umformulierung. Sie wird
umgesetzt.

11. FAKTIZITÄT VON GESCHICHTE

Mit dem Zeitraffer durch die Entwicklungs-geschichte gelangt man unweigerlich zu ganz neuen Mustern der Rationalität. Entsprechend der modernen Erkenntnisphilosophie gibt es keine Beweise, sondern nur Widerlegungen. Die berühmte Herangehensweise des Philosophen Karl Popper lautet: „Unterstützen Sie die Hypothesen nicht, versuchen Sie, sie zu töten". Das macht die Sache überhaupt nicht ungemütlich. Es hilft sogar, die richtige Meinung zu retten. Dieser Approach trifft übrigens auf alle Wissensgebiete zu. Auch die nüchterne Naturwissenschaft, die sich von Pseudorichtungen wie Populär-Astrologie oder Para-Psychologie abgrenzen will, unterliegt den gleichen Kriterien.

Wissen ist auch dafür gut, die eigenen Grenzen zu erkennen, argumentiert Karl Popper und ergänzt, „dass die unreflektierte These des Relativismus zur Anarchie und zur Herrschaft der Gewalt führt." Den absoluten Relativismus gibt es nicht. So bleibt auf der Suche nach dem Sinn die Theologie die einzige Art, substantiell zu reflektieren. Sie ist das Hören auf die großen Erfahrungen der Geschichte. Das Wesentliche, der Sinn, ist dann keine These mehr, sondern Ausdruck des Glaubens. Er beginnt dort, wo erkannt ist, dass alles seinen Zweck hat. Solches kann einfach nicht abgetötet werden.

Die prophetischen Weisungen ziehen eine einmalige soziokulturelle Glaubensidentität durch die Geschichte der Jahrtausende. Ihre Zehn Gebote dringen bis in den neuzeitlichen

Sittenkodex der Menschenrechte der
Charta der Vereinten Nationen vor. Diese
zehn Richtlinien ermöglichten erst ein
richtiges Zusammenleben der
Menschheit. Sie sind der Baustein der
humanistischen, zivilisatorischen
Entwicklung. Er war zum Aufbau
notwendig, damit die Gesellschaft nicht
gänzlich im Sumpf von Gewalt und
Unrecht versinkt. Die menschliche Natur
erfuhr somit die Verantwortung sich
selbst gegenüber. Die beschriebenen
Zeitintervalle mögen riesig erscheinen.
Andererseits relativieren sie die Zeit.
Nebenbei ist für die moderne Gesellschaft
der Befund nicht uninteressant, dass
ausgerechnet Abraham und Moses
Flüchtlinge waren. Sie wurden zu
Stammvätern eines universalen Glaubens.
Die Geschichte des Abendlandes begann
also mit bewegten Menschen in
umwälzenden Situationen. Sie gingen von

der Überzeugung aus, nicht im eigenen
Ich gefangen zu bleiben.

Wenn die Wahrnehmung auf den ewigen
Logos verweist, geht die ganze
Wirklichkeit, in der wir leben, auf seine
Personifizierung zurück. ‚Logos' leitet sich
von dem ab, was uns Sinn bedeutet. Die
menschliche Vernunft hat das Vermögen,
Wahrheit anzunehmen. Der Mensch wird
ernst genommen. Darin liegt der ganze
Trost. Die Aussichten sind klar umrissen.
Es heißt nun, sich auf diese Ordnung
einzulassen, oder nicht. Der Bund wurde
oft genug von der Menschheit gebrochen.
Der Glaube, dass sich das Absolute
offenbart, erweist sich als nicht mühelos.
Er wird zur Sache der Vernunft, er macht
den Sinn im Leben aus. Er festigt den
Daseinszweck für die unzähligen
Generationen von Menschen und
Epochen. Das Göttliche fordert unser

Rufen, vielleicht sogar den Schrei. Gar einen stummen Schrei?

Vorausgeht, was uns später übermittelt wird. Wenn wir uns damit auseinandersetzen, verbinden sich die kosmischen Zusammenhänge des Alten Testaments mit der Historie des Neuen Testaments. Sie betreffen das Schicksal der Menschheit. Das Göttliche hat sich im Menschensohn gezeigt. Die Bezeichnung ‚Menschensohn' ist definitorisch leicht zugänglich. Immerhin geht sie auf originäre Weissagungen des Ersten Testaments zurück. Das Zukunftsbild war auf ein Kommen des „Guten Hirten" gemünzt. Und es hat sich in der Aussage verwirklicht „Ich bin die Auferstehung und das Leben." Und wenn das für den Menschen schwer erfassbar war, am Göttlichen konnte er nur festhalten, wenn er davon wusste. So können wir nur das wissen, was wir hören, was geoffenbart wurde. Wir finden uns vor einer Identität besonderer Art. Ihre Historie wird als Wahrheit angenommen, oder nicht. Dies obliegt jedem/r Einzelnen.

Die Menschheit hat es nicht widerspruchslos hingenommen. Daher musste einiges konkret offenbart werden. Die Kernaussage lautete: „Ich bin die Auferstehung und das Leben". Ab da an begann man zu opponieren. Sogleich gab es welche, die diese Worte unerträglich fanden. Die Antwort wurde zur Prophetie: „Was werdet ihr sagen, wenn ihr den Menschensohn hinaufsteigen seht, dorthin, wo er vorhin war? Ich bin es. Ihr werdet ihn zur Rechten der Macht sitzen und mit den Wolken des Himmels kommen sehen." Für die damalige Begriffswelt war dies nichts Unverständliches, dennoch lag aber in diesem Posting etwas, das nicht von allen geteilt wurde. Trotzdem verbreitete sich die Message rasch. In weiterer Folge strömte sie sogar über den ganzen Globus, auch ohne Internet und Smartphone. Die Auflehnung dagegen sollte sich bis in die Zukunft prolongieren.

Worauf kommen wir, wenn wir den Umkehrschluss machen und meinten, jener Jesus Christus wäre nicht der Menschensohn? Es würde in der Schöpfung etwas Grundsätzliches fehlen: die direkte Kommunikation mit dem Schöpfer der Welten. Wer weiß, ob es dann noch die Faktoren Liebe, Freude und Hoffnung gäbe. Der letzte Schutz des Individuums wäre außer Kraft gesetzt. Wenn der Impuls des Göttlichen fehlte, wären wir gar nicht vorhanden. An diesem Angelpunkt scheiden sich fundamental die Geister, an ihm wird die Welt ausgehoben.

Versuchen wir doch einmal die Ergebnisse auf unsere persönlichen Universen und Schicksalswendungen zu projizieren. Ob Willenskraft, Glauben, Empathie, Liebe, Trauer, Hoffnung evolutionär bedingte Eigenschaften sind, sei dahingestellt. Der Quantenphysiker Erwin Zeilinger bemerkt: „Wenn in Gott meine ganze Kraft liegt, ist sie ein Teil des gesamt vorhandenen Geistes, eben des Göttlichen". In der Rolle als Wissenschaftstheoretiker stellt er fest, dass „Gott nicht beweisbar sein darf, das wäre das Ende der Religion".

Was soll die abstrakte Quanteninformation in der Religion? Die Wissenschaft weist nach, dass Information mit Geist zu tun hat. Darüber hinaus stellt sie fest, dass es physikalische Gesetzmäßigkeiten gibt, die mit Geist zu tun haben. Materie ist demnach aus Geist gemacht. Dennoch wäre es für das Glauben gar nicht gut, wenn sich das Göttliche naturwissenschaftlich beweisen ließe. Das Mysterium würde verloren gehen. Mysterien lassen sich weder beweisen noch widerlegen. Gottesbeweise haben lediglich eine marginale Bedeutung. Der Mensch will sich nicht darin verfangen und Gott braucht sie soundso nicht.

In den großen Zusammenhängen beruhigt ein außergewöhnlich starkes Lied, das seit 200 Jahren in der Welt gehört wird: „Stille Nacht, heilige Nacht". Eine erneuernde Energie des Existenziellen wird spürbar. Wenn wir dieses Kind finden wollen, dürfen wir nicht an dem vorbeirauschen, was sich in der Stille bemerkbar macht. Wir folgten der Spur, dass Religion zur Menschheitsentwicklung dazugehört.

Angesichts der Naturereignisse wissen wir
nie, was uns erwartet. Manchmal merken
wir, in welch unbarmherzigen und dann
doch wieder schönen Natur wir leben.
Umso mehr sind wir bestrebt, unser
Verhalten mit unserer Bewusstheit zu
koordinieren. Die Wissenschaft stellt
heute die Frage, ob in den Weiten des
Weltalls etwas wartet, das entdeckt
werden möchte. Die Gegenfrage könnte
lauten, ob nicht in uns die Entdeckung
dessen wartet, was uns selbst ausmacht.

12. DIE ROLLE - DAS ROLLEN DER ZEIT

Wir sollten wissen, in was für einer Zeit wir leben, welche Zeit das ist. Was wissen wir von ihr? Das Vorübergehende wird nicht erst geschaffen. Der Mensch wird wütend, wenn er die Zeit außer Acht lässt oder gar nicht erkennt. Darin liegt die Drohung der Trennung. Sie bedeutet Dunkelheit. Niemand ist davor gefeit, hinabgezogen zu werden. Wann ist der Absturz programmiert? Plötzlich beschleunigte Vorfälle laufen manchmal unvermutet wie in Zeitlupe ab. Alle Dinge, die in der Zeit sind, haben ein Warum. Dieses Warum ist nicht lächerlich und macht Zukunft erst möglich. Der nächste Tag wird wichtig und interessant, wenn einmal der vergangene Tag vorbei ist. Die kommende Handlung wird relevant, wenn die letzte vorüber ist. Zukunft wird nach absolvierter Vergangenheit und Gegenwart so richtig wertvoll. Gelebte Zeit ist Annäherung an ein Ziel.

Die Zeit erlaubt es, uns ein brauchbares Urteil über die gewachsene Zeitspanne zu machen. Sie ist allerdings nicht fassbar, obwohl wir in diesem Raum-Zeit-Gefüge leben. Wir sind gewohnt, der Zeit nachzulaufen. Haben wir sie einmal eingeholt, verspüren wir Leere. Wir sind eben darauf ausgerichtet, die Zeit als ein bloßes Kontinuum zu erleben. Dem Menschen wurde es dennoch möglich gemacht, über Abläufe zu sprechen. Haben wir einmal den Umgang mit Zeit verlernt, befinden wir uns in keinem guten Zustand. Zwar werden wir es nicht schaffen, uns das Danach vorzustellen. Zeit wird ja als etwas sich ständig Veränderndes definiert. Aber wir können uns asymptotisch an den Funken herantasten, der uns das Unbegreifliche definiert.

Darüber hinaus verfügen wir über Instrumentarien wie Parabeln, Analogien, Bilder und Symbole. Sie sind Hinweise auf das Vorhandensein einer unsichtbaren Realität. Sie generieren Aufmerksamkeit. Sie selbst sind nicht die Wahrheit, aber sie helfen diese zu erkennen, vielleicht sogar ein wenig zu verstehen. Der Mensch selbst ist nicht in der Lage, Symbole zu schaffen, schon gar nicht solche des Positiven. Symbole können sogar den Faktor Zeit ad absurdum führen. John Eccles umschreibt Realität „als die letzte Wirklichkeit für jeden von uns als bewusste Wesen". Sie hängt an uns während unseres ganzen Lebens, in unserem Tod bis hin zu unserer scheinbaren Vernichtung. Wie

schwankend die Bedeutung von Zeit ist,
wird deutlich an den Phänomenen aus
anderen Dimensionen.

Im Kontext des Verborgenen stoßen wir
auf die Zeit und Raum überschreitenden
Wesen, die als Engel bezeichnet werden.
Oft werden sie negiert, gelegentlich liegen
sie im Trend. Wie wird ihr Auftreten
beschrieben? Der Überlieferung nach
wirken sie sowohl unsichtbar als auch als
sichtbare Überbringer von Botschaften.
Schutzgeister oder Vermittler? Sind sie für
die rationale Mentalität des
Atomzeitalters und der Computerisierung
zu grotesk? Sind nicht eher die
historischen Erschütterungen unserer
Risikogesellschaft abstrus? Der Gegenpart
der lebensbejahenden Engel, die Welt der
Dämonie wird ja auch nicht in Zweifel
gestellt. Wir erleben sehr wohl die
negativen Kräfte, die das Lebensgefüge

auseinander zu reißen drohen. Dämonen präsentieren sich ziemlich mächtig in den inneren Belastungen der seelischen Kräfte. Trotzdem fällt es dem materiellen Denken nicht leicht, sich auf solche Indizien einzustellen.

Der Mensch wird von seinen Sinnen beeinflusst. Er schaut und denkt sukzessiv. Von den Engeln ist anzunehmen, dass sie über ein ganzheitliches Erkennen verfügen. Offensichtlich sind sie auch fähig, konkret irdisch aufzutreten. Sowohl im Alten als auch im Neuen Testament begegnet man ihnen oft als Wanderer, die eine Botschaft übermitteln. Ihr Aufgabenspektrum geht über die Verehrung des Göttlichen hinaus. Oft machen sie unspektakulär treffende Aussagen über zukünftige Ereignisse, wie: „Ihr werdet ein Kind finden, das in Windeln gewickelt, in einer Krippe liegt."

Die Malerei stellt sie mit Flügeln dar, dem Symbol dafür, dass sie Dimensionen überschreiten. Sie sind ja sowohl in der materiellen als auch in der unsichtbaren Welt eingebunden. Das Medium der Kunst ist geeignet, Symbolik zu verdeutlichen. Das Gefühl für solche Zeichen ging uns abhanden, weil sich zu viel Kitsch in die Konnotation drängte. Wenn nun die Wand zwischen den mehrdimensionalen Welten möglicherweise hauchdünn ist, bekommt diese Symbolik ihren tieferen Reiz. Und wer möchte auf die individuelle Stütze in der Form eines Schutzengels schon verzichten?

Nicht nur wissenswert für den Menschen im Einzelnen, auch aufschlussreich für die Erkenntniswissenschaft als Ganzes ist all das, was in der Vergangenheit geschah. Wir können sie nicht so einfach aufgeben. Deswegen ist das Interesse von

Archäologen, Geologen, Astrophysikern an ihr so groß. Im Grunde genommen ist es irrelevant, ob sich die Ereignisse vor tausenden Jahren, im siebten, im dreizehnten Jahrhundert oder in der Gegenwart abspielen. Für die Menschheit haben sie die gleichwertige Bedeutung wie das, was morgen, in zehn oder hundert Jahren geschehen könnte. Zudem ist es spannend nachzuempfinden, worum es etwa den Mächtigen der jeweiligen Zeiten geht. So verfolgen wir die Hintergründe der Geschichte bis in die Gegenwart.

Aus den Theorien entstehen eventuell neue Errungenschaften. Ob sie das große Revolutionäre sind, erfahren die nachkommenden Generationen nach Jahrzehnten, vielleicht erst nach Jahrhunderten. Dann sind sie schon überholt, sicher nicht verschollen. Die

Nachfahren werden sich daran erinnern, was anderen eingefallen ist. Werden sie es auch für sich verwerten? Üppig können die Einfälle sein und dann doch wieder Makulatur, Vanitas.

An den Stränden der Meere haben sich Surfer eingefunden, die es einst nicht gab. Die Surfer des Denkens gab es immer schon. Aus dem Tunnel der Welle kommend holen sie immer wieder Schwung, um auf die Höhen des Kammes zu gelangen. In jedem irdischen Geschehen steckt ein unveränderlicher Kern. An einer Autobahn in Bayern gibt es einen Ort, wo vor tausenden Jahren unter einer Eiche im Namen der germanischen Götter Recht gesprochen wurde. Heute strömt dort ein millionenfacher Autoverkehr vorbei. Die Vergangenheit ist für alles Kommende bereit. Die Vorstellungen und Sehnsüchte sind immer auf Zukunft ausgerichtet, dennoch bleiben sie vom schon Dagewesenen abhängig. Die immer brennende Frage bleibt, was war davor? Dennoch hat die Gesellschaft fortwährend Fragen an die Zukunft. Bedeutend bleibt der Moment. Das Gegenwärtige berührt gleichzeitig das Vergangene und das Künftige.

„Die Vergangenheit ist vorbei, die Zukunft noch nicht da, die Gegenwart existiert eigentlich auch nicht, denn sie ist sofort dahin" meditiert Augustinus. Somit stellt er in den Fokus die Gegenwart. In der ‚Gegenwart der Vergangenheit' sieht er die Erinnerung, in der ‚Gegenwart der Gegenwart' die Kontemplation und in der ‚Gegenwart der Zukunft' die Erwartung. Wir erleben innerhalb eines Zeit-Abschnittes das Vergangene schon am darauf folgenden Tag nicht mehr ganz so nah. Oder wie es ein arabisches

Sprichwort ausrückt: „Brot von gestern ist schon hart, Brot von morgen noch nicht gebacken, essen wir das Brot von heute".

Augenblicke und Intervalle haben für unser Dasein die unterschiedlichste Bedeutung. Wenn Züge oder Flieger Verspätungen haben oder wenn wir etwas zu versäumen glauben, spüren wir das ganz deutlich. Eindringlich befassen wir uns mit der zur Verfügung stehenden Lebenszeit. Zeitwohlstand wird zum Überthema. Das Zeitguthaben mutiert zu einem Konsumprodukt. Dabei wird übersehen, dass das Fühlbare sich ausschließlich im Jetzt abspielt. „Immer die gegenwärtige Stunde ist die Stunde Gottes, das Stück Ewigkeit, das Stück Chaos, das um Gestaltung ringt in Dir und durch Dich" umschreibt es der Poet Gottfried Keller. Die gegenwärtige Stunde ist auch die Stunde, durch die wir besser die Vergangenheit und die Zukunft verstehen.

Wie viel Zeit werden wir da noch erleben? Wie lang halten wir das Leben durch, wie lange das richtig gestylte Leben? Wir haben unsere Anforderungen zu erledigen, zu leben und dies womöglich richtig. Was das Richtige ist, darin besteht der Zankapfel, in den wir beißen. Krieger des Lichts, wie beim Schriftsteller Paulo Coelho, könnte man uns ohne Ironie bezeichnen. Keine Illusion, allenfalls pure Wahrheit ist es, dass das Licht in ungeahnter Fülle irgendwo vorhanden sein muss. Zu Helden kann man uns nicht stilisieren, denn irgendwie haben wir Angst davor, als Heroen für Ideale dazustehen. Die wenigen, die das Prädikat ‚unerschrocken' verdienen, werden uns vielleicht helfen. Lassen wir dies zu? Wo bleibt überhaupt unser Lobpreis des

Absoluten? Wo verspüren wir den
glühenden Eifer dem Übernatürlichen
gegenüber wie es die Propheten
vorzeigten. Wir haben die Lizenz zum
Staunen. Wir dürften es ja nicht verlernt
haben. Es wurde uns in Erinnerung
gerufen, als wir die Wahrheit des Seins
erfahren haben. Wollten wir lieber aus
vorauseilendem Gehorsam zur
Selbstverliebtheit das Unheil anpeilen?
Ein solcher Wahn führt direkt ins
Morbide. Dann riecht es nach Tod, nach
geistiger Verwesung.

Die Erinnerung prägt uns, nicht das
Vergessen, auch wenn letzteres uns
verfolgt. Vielleicht haben wir das
Vergangene schnell abgeschoben, aber es
bleibt in der Platte des Persönlichen
eingraviert. Man verzichtet nicht leicht
auf Milliarden-Deals. Auf der Weltbühne
werden sie nicht selten unter dem

Deckmantel politischer Gefälligkeiten getätigt und verwischen so die Tatsachen. Und die vergessenen Verbrechen? Was ist zu tun gegen das Vergessen unseres Seins? Sind wir nur dazu da, zu vergessen oder vergessen zu werden? Das passt nicht in das Konzept des logischen Betrachtens. Das Erinnerte ist mehr als nur eine Leitplanke. Es generiert die Zukunft, obwohl es einmal abgelegt sein wird. Es hat unsere Identität bereits festgelegt. Es wird auch mit Zeit und Raum brechen.

Was ist sie wirklich die Zeit? Wir meinen, vor einem Paradoxon zu stehen, weil wir sie beobachten, zuweilen auch definieren, aber nicht fassen können. Was aber, wenn es sie in Wirklichkeit gar nicht gibt oder wenn sie plötzlich für uns nicht mehr vorhanden ist, weil sie vorbei ist? Zeit wird unterschiedlich empfunden.

Manchmal erscheint sie feindlich gesinnt, manchmal überrascht sie mit Überschwang. Niemals wissen wir, was sie mit uns vorhat. In diesem Zwiespalt wäre es geradezu geboten, sich nicht ungeduldig zu zeigen. Wir brauchen Geduld, um nichts kaputt zu machen. Mit gepflegter Ausdauer werden wir viel erreichen. Wenn wir uns aktiv in den Lebensrhythmus einschalten, stoßen wir unweigerlich auf die Übernatur. Richtig konfiguriert schafft dies ein fundiertes Vertrauen. Christen entnehmen diese Zuversicht der überlieferten Offenbarung, ohne die eine Verständigung des Göttlichen mit der menschlichen Begrenztheit ohnehin nicht möglich wäre. Offenbaren heißt, etwas zu erkennen geben, Details preisgeben. An diesem Punkt beginnt das Übernatürliche in das Zeitliche einzugreifen.

13. ZEIT-QUALITÄT

„Den Tag pflücken, ihn genießen", „carpe diem", verfolgt uns auf Schritt und Tritt. Gleichzeitig steckt uns im Nacken das „Memento mori", das „Bedenke zu sterben". „Carpe diem" fordert der römische Dichter Horaz in seinem berühmten Gedicht, weil man dem Morgen soundso nicht vertrauen könne. Gibt es eine Alternative zum sinnlichen Genuss? Aussichtslos zu begehren hilft genauso wenig weiter, wie in Eitelkeit zu verweilen. Im Alten Rom wurde dem siegreichen Feldherrn, der auf seinem Festwagen über die Via Sacra einzog, von einem Begleiter der Lorbeerkranz über das Haupt gehalten. Dabei wurde ihm ständig ins Ohr geflüstert: „Memento te hominem, te moriendum esse",

„Bedenke, dass du ein Mensch, dass du sterblich bist." Es bedeutete ein sinnvolles Abfedern der Vanitas, der vergeblichen Überheblichkeit.

Eine ähnliche Symbolik wird am Aschermittwoch praktiziert, wenn den Christen mit Asche ein Kreuz auf die Stirn gezeichnet wird: „Gedenke Mensch, du bist Staub und zum Staub kehrst du zurück". Durch ihren Glauben brauchen sich Christen dafür keinen Druck zu machen, wo sie sich doch ungeachtet aller Unbilden als immer angenommen sehen. Dumm wären sie, diese Chance nicht wahrzunehmen. Der Hass auf die Glaubenden wird da nichts ändern, zumal es schon zu viele Märtyrer gibt, die dafür Zeugnis abgelegt haben. Sind Gläubige a priori gefährdet? Der Stoff des Auseinanderdriftens der Meinungen wird bleiben. Uns selbst bleibt es überlassen, damit fertig zu werden. Die Macht über das gesamte Dasein hat nicht die Entwicklung per se, sondern in letzter Konsequenz das Transzendente.

Nur wo ist das Göttliche? Am Puls des Glaubens sein, ist lebensnotwendig. Es ist nicht gut, die Welt des Glaubens von den irdischen Bedürfnissen zu trennen. So wie eine Schere nur mit ihren zwei Klingen schneiden kann, kann sich das Individuum sein Leben nur mit den zwei Branchen aufteilen. Irdisches und Überirdisches sind die zwei Seiten ein und derselben Medaille. Die christliche Religion verweist darauf, dass sie kein Prinzip, kein System und auch kein Diktat ist. Wo sie mit Angst vermengt wurde, war sie falsch interpretiert. Sie ist die Ratio des Glaubens. Sie empfiehlt, neue und doch bekannte Wege zu betreten. Auf der Suche dürfen wir niemals stehen bleiben.

Wir werden uns an das Unermessliche
herantasten. So wie Wissenschaftler,
Manager oder Leistungssportler aus dem
Sumpf des Alltäglichen heraustreten,
können es alle nach dem Sinn Suchenden
auch tun. Oder sie bleiben darin stecken.
Ob sie den Aufschwung schaffen, hängt
von ihrem Wollen ab. Nur nicht den Frust
mit irgendeiner Ideologie ausbaden!

Wir dürfen vom nächsten Tag träumen.
Wir sind dazu verpflichtet, über das
darüber Hinausreichende nachzusinnen.
Wir werden feststellen, dass der irdische
Trost zu wenig ist, da er nur ins Leere
trifft. So lässt sich der Mensch auf die
tiefsinnigen Fragen ein. Er verfügt ja über
intellektuelle Fähigkeiten. Woher stammt
dann die Arroganz, sich damit nicht zu
beschäftigen? Kommt sie etwa aus der
Urquelle der Bequemlichkeit oder aus der
überheblichen Eigenliebe? Ohne Suche

bleibt der Ausweg verschlossen. Wir Menschen sind doch keine Sklaven irgendeines schwammigen Schicksals. Jedoch nur nebenher, so am Rande, kann die Sachlage nicht verarbeitet werden. Das Manko besteht darin, dass zu sehr nach menschlicher als nach transzendenter Hilfe Ausschau gehalten wird. Eine ungebundene Lebensführung treibt schneller in die Angst und in die Verdrängung als man sich denken könnte. Wir sind auf das Streben nach vorne angewiesen. Nur so ist der Gewinn an Freude abgesichert.

Die transzendentale Erlebniswelt hat nichts Museales an sich. Erinnern wir uns an die Szenen aus unserem Leben. Die spektakulären Verfolgungen eines vermeintlichen Schicksals drängen zur gedanklichen Verarbeitung. Vielleicht stellen wir fest, dass die kühle Optik des

Materiellen nicht ganz unseren Erwartungen entspricht. Auch wenn die glänzenden Pointen mit den Exponenten des Vorübergehenden locken, rauben sie dennoch die Luft zum Atmen. Die Schaustücke des Trügerischen binden uns mit durchdringender Raffinesse. Die Debatte ist knifflig, denn wir geben viel Mühe aus für die Erreichung eines glückseligen Ziels. Niemand sollte uns am Vorstoß zum Wirklichen hindern. Im höchst persönlichen Bühnenstück eines jeden Individuums liegt die große Herausforderung.

Uns selbst ist es überlassen, den Augenblick nicht zu verpassen, das Wahre zu erkennen. Dazu brauchen wir weniger die Zeit an sich, als Zeiteffizienz. Was Wichtigeres gibt es im Augenblick? Und welchen Augenblick nehmen wir her? Den Phantomen nachzujagen, die nichts mit der eigentlichen Zukunft zu tun haben, wird uns nicht weiterbringen. Genauso wenig ratsam ist es, das Versäumte manipulieren zu wollen. Zwei Optionen, das Lebenszeit-Problem zu lösen, stehen uns zur Verfügung: wir können uns abschotten oder uns mit dem Tiefgründigen beschäftigen. Letztere wäre ein erster Schritt in die Spiritualität, nicht in das Spiritistische. Irgendwo ist sie doch da, die Angst um sich selbst oder davor, etwas zu versäumen. Also werden wir unser höchstpersönliches Profil zu hinterfragen haben. Wir wollen unsere Eignung optimieren. Mehr als die Herausforderung suchen wir die Chancen.

Selbst in der hohen Kunst des Managements ist das Erkennen von Chancen oft wichtiger als das Lösen von Problemen. Nur so setzt man die Perspektiven in Richtung des Positiven.

Wie sieht es also mit der Rückmeldung an das Offenbarte aus? Könnte es sein, dass es uns vor der Dumpfheit bewahrt? Es sind nicht bloß Streiflichter, wenn die Ursachen und Probleme aufgehellt werden. Was vom Absoluten übermittelt wird, sollte uns betroffen machen. Wir werden unweigerlich mit den grandiosen Angeboten konfrontiert. Wie im Business sind Angebote ernst zu nehmen. Wir werden hoffentlich erkennen, was im Leben wichtig ist.

14. WAS BEDEUTET FORTSCHRITT?

Die Frage nach dem Wohin des Fortschreitens ist genauso bemerkenswert wie die Gegenfrage nach dem Wohin des Rückschritts. Nicht jede Änderung eines Zustandes ist schon gleich fortschrittlich. Dort wo Innovationen Nutzen bringen, sind sie zukunftstauglich. Manchmal genügt es, am bloßen Tun Freude zu finden, vielleicht auch nur an den kleinen Fortschritten. Sie sind unvoreingenommen bedeutungsvoll. Glauben wir daran, dass sie uns nach vorne bringen? Man sollte es einmal angehen.

Der Fortschritt der globalisierten Welt bedient sich des vernetzten Denkens, um Lebensqualität zu verbessern. Ignoranz

sollte dabei vermieden werden.
Fortschritt ist nicht auf Verwirklichung der
Perfektion angewiesen, er baut auf die
Prozesse der Reifung. Wenn neue
Interessensfelder erschlossen werden,
entwickelt sich etwas weiter. Wo die
Produktion durch Maschinen effizienter
erfolgen kann, wird der Mensch ersetzt
werden. Für manche erscheint das
bedrohlich, es ist dennoch nichts
Fragwürdiges. Es gehört zum Fortschritt.
In der Antike bediente man sich der
Sklaven, um Dienste erfüllt zu bekommen.
Im Laufe der Geschichte erfand der
Mensch neue Tools, die ihm in der
Ausübung automatisierter Tätigkeiten
helfen. Und das geht immer so weiter.
Auch in Zukunft wird sich Revolutionäres
abspielen.

Wir wissen nicht, mit welchen
Imponderabilien oder auch mit welchen

Glücksmomenten wir morgen konfrontiert sein werden. Es wird natürlich auch Verlierer auf der Schattenseite des Produktivitätsspektrums der Zukunft geben. Künstliche Intelligenz braucht man nicht zu fürchten, solange sie kontinuierlich aus dem Denkpotenzial des Menschen resultiert. Die Kombinatorik aus natürlicher und künstlicher Intelligenz in praktischen Anwendungen wird den neuen technischen Fortschritt ausmachen. Die Vermutung allerdings, man könnte eine universelle Intelligenz in Eigenverantwortung schaffen, ist Nonsens. Bei den vielfältigen Mechanismen von Intelligenz wäre eine Machbarkeitsformel für eine einzige alles überragende Intelligenz mehr als unrealistisch. Oder gar die Sünde schlechthin?

Die Maßnahmen, die der Mensch setzt,

variieren zwischen genial und pervers. Wo
finden wir die Guidelines? Stückwerk
bleibt unser Streben vor allem dann,
wenn nichts Essentielles dahinter steckt.
Besteht etwa die Hauptsache unseres
Seins darin, dass wir unsere Spielsachen
im Leben haben? Bisweilen gebraucht sie
der Mensch grausamst in Krieg und
Unterdrückung. Ein naiver
Fortschrittsglaube hilft nicht weiter.
Moderne Ideen können genauso gut
falsche Ideen sein. Fortschritt verlangt
sowohl zeitgemäße Inhalte als auch
entsprechende Rahmen. Aufschwung und
Innovation dürfen nicht nach Belieben
erfolgen. Sie sind übergeordneten
Mechanismen unterworfen. Egal ob
Medizintechnik, Waffentechnologie, Chip-
oder Nanowissen, Informations-
Engineering oder Neuerungen auf
irgendwelchen anderen Trendgebieten,
jede Veränderung entspringt einer

erdachten Wunschvorstellung. Sie darf nur nicht aus dem ethischen Zusammenhang gerissen werden.

Bei allem Fortschritt ist Leid nie hundertprozentig ausschaltbar. Fortschritt darf nicht die düsteren Realitäten einzementieren. Fatalerweise weisen so manche rasanten Technologien darauf hin, dass der geistige Wissensstand oft nicht mit den neuen Errungenschaften Schritt hält. Diese haben dem Menschen zu dienen, nicht ihn zu unterwerfen. Dem Vorwärtskommen entkommen wir schon deswegen nicht, weil es auf Ziele ausgerichtet ist, die wir erreichen wollen. Wir wollen ja die Nutzlosigkeit der Zustände überwinden. Das wird uns nicht leicht gemacht. Es kostet Überwindung, schafft aber auch Lustgefühle. Im negativen Falle entlädt es sich ins

Destruktive. Dann zerstört es das Sinnhafte.

Wie programmiert sich die Gesellschaft? Es ist spannend zu beobachten, wie sich das Menschsein im 21.Jahrhundert angesichts von Genderpolitik, Gentechnologien, Resistenz gegen ethische Motive und den vielen Störfaktoren von Irrlehren entwickelt. Ob unser Planet untergehen könnte, ob ganze Landstriche im Wasser verschwinden werden, Eiszeiten oder Klimawandel sich abspielen, liegt sicherlich nicht allein in unserer Hand. Wir sind immer nur die Reagierenden. Das darf uns allerdings nicht davon abschrecken, unsere Aufgaben zu erfüllen. Der Umgang mit dem ständig aufkommenden Neuen muss gelernt sein. Entwicklungen werden uns immer beschäftigen, besonders unsere eigenen.

Wir bestaunen sie und klopfen uns dabei sogar wohlwollend auf die Schulter.

Natürlich beschäftigt sich jedes Individuum mit seinem Ego, was naturgemäß richtig ist. Worin liegt nun das Virtuose im Umgang mit dem Ich? Was unserem Ego schmeichelt, ist noch lange nicht gut für unsere Identität. Verzichten wir auf die eigene Komplexität im Verhältnis nach außen, werden wir einen schmerzvollen Substanzverlust erleiden. Es blitzt wieder einmal faszinierend auf, wie der Mensch überhaupt entworfen wurde.

15. WIE GEHEN WIR MIT ALTER UM?

Wenn wir davon ausgehen, dass die Reifung in der Mitte des Lebens erst so richtig einsetzt, bekommt das Altern einen gewissen Reiz. Dann kommt unsere Zeit in die Erwartung des Großen. Auch im Berufsleben ist man nie zu alt für den Job, den man will. Nach dem Ablauf genützter Zeit verfügt man über mehr Erfahrung und Know-how. In den späten Jahren wird das Kreative durch die erweiterten Netzwerke besonders fruchtbar. Manchmal sind die späten Erfolge mit einer besonderen nachhaltigen Qualität ausgezeichnet. Das Alter hat den Vorzug, serielle Veränderungen richtig einzuschätzen. Diese Fähigkeit sollte die Gesellschaft mehr nutzen. Dennoch macht das Bild vom Altwerden manche

Betrachter unglücklich.

Im Laufe eines Menschenlebens gibt es die unterschiedlichsten Ausprägungen von Leistungs-Peaks. Es gab schon viele junge Genies, die keine sehr hohe Lebenserwartung hatten. Manchmal denken junge Menschen zu abstrakt, da die Erfahrung noch nicht in ihre Blutbahn eingedrungen ist. Die stärksten Jugendlichen sind offenbar diejenigen, welche die Eigenschaften der Jugend mit der Gelassenheit der Erfahrenen verbinden. Die stärksten Älteren sind im Gegenzug diejenigen, welche zu ihrer Gelassenheit den Mut und Elan zum Neuen nicht verloren haben. Ungeduld und Unwissenheit werden oft zum Unheilstifter und bedrohen Menschen und Situationen. Dies trifft auf jedes Lebensalter zu.

Weil es in der Jugend noch drinnen steckt, sich unter allen Umständen in den Vordergrund schieben zu wollen, ist sie auch leichter manipulierbar. Dann kann es passieren, dass so manche Übermütigen die schiefe Bahn hinab rutschen. Ohne Gegensteuerung hört der Absturz nicht mehr auf. Davor sind unausgegorene alte Menschen auch nicht gefeit. War die Basis-Sozialisation konstruktiv, zeichnen sich Jugend durch einen ehrgeizigen Vorwärtsdrang aus. Demgegenüber sind die späten Leistungen im Alter auch nichts Außergewöhnliches. Der römische Staatsmann und Schriftsteller Marcus Porcius Cato lernte noch im Alter von achtzig Jahren Griechisch, der Philosoph Sokrates lernte mit Siebzig mehrere Instrumente und Michelangelo malte mit Achtzig die größten Gemälde. Etliche Extraklassen gehen weit über die gewohnten Altersstufen hinaus. Nur wenn

die Initiative verloren geht, verkümmert
der Mensch im Alter. Auf die
Geisteshaltung kommt es an, nicht auf die
Anzahl der Lebensjahre. Negative
Kalibrierung gibt es im Alter genauso wie
in der Jugend und umgekehrt.

Das Altern definiert sich als ein Prozess
der Veränderung. Er setzt bereits mit der
Geburt ein. Das trifft auf die biologischen
Eckdaten wie auf die psychischen zu.
Während sich die Zellstrukturen in jeder
Sekunde verändern, ist die psychische und
geistige Umwandlung langfristiger
angesetzt. Die Frage ist nur, in welche
Richtung wir uns verändern. Vor dem
Alter brauchte man sich nicht zu fürchten.
Schlussendlich bleibt immer noch das
Versprechen der seelischen Geborgenheit.

Auch wenn man entkräftet ist, darf sich
niemand überflüssig vorkommen. Im

christlichen Glauben steht das Kreuz von
Golgatha als das Symbol für echte Stärke.
Wird das spirituelle Denken forciert, gibt
es keinen Grund, sich aus vorauseilender
Furcht dem Unglück zu ergeben. Gerade
in der Christologie geht es darum,
destruktive Muster durch positive zu
ersetzen. Die religiösen Zusammenhänge
bringen uns bei, dass es mit anhaltender
Dauer des Lebensvorganges nicht nur
bergab geht. Erfahrung, Überlegung, Alter
und Religion helfen, nicht mehr so
beleidigt zu reagieren, wenn man nicht
alles auf dieser Welt sofort bekommt. Es
gehört zu den verbreiteten Klischees, dass
die Jugend die Zukunft repräsentiert. Liegt
diese nicht eher im Alter? Denn wenn die
Alten es nicht schaffen, über ihre Grenzen
hinaus zu gelangen, werden es die Jungen
später auch nicht können.

Lebhafte Ungeduld ist unwidersprochen das Privileg der Jugend. Dort kann sie ausgelebt werden. Gelernt wird allerdings über ein anhaltend anwachsendes Wissen. Der Wechsel von Jugend zum Alter bedeutet gleichsam die Bewegung von der Mikro- in die Makrowelt. Idealerweise ergänzt sich die Wechselbeziehung zwischen Jugend und Alter. Dieser Mechanismus funktioniert dann, wenn die Alten die Jahre ihres eigenen Aufbaus nicht vermasselt haben. Darin liegt Zukunft. Schlimm ist nur, wenn man im Alter an Weisheit nicht zulegen kann.

Der Aspekt Zeit macht der Jugend nicht so viel aus. Sie wartet, verschiebt und hofft auf das Morgen. Die Zeitauffassung spielt sich bei ihr theoretisch ab, weil die Zukunft so grenzenlos weit zu sein scheint. Deshalb wirkt Jugend häufig ungeduldig. Den Alten wiederum stellt sich der Videoscreen des Rückblicks in den Weg. Sie überlegen viel zu viel, was verlorene Zeit sein könnte. Jugend ist imstande, gekonnt mit Theorie zu operieren. An den skizzierten Modellen wird sie neugierig. Musterbilder stehen für das Lernen. Daraus generiert sich Wissen. Im operativen Part wirkt Jugend dann meist kompromisslos. Phylogenetisch ist jugendliches Verhalten davon geprägt, Spaß daran zu haben, andere herauszufordern. Das beginnt schon im Spielverhalten von Kindern, wenn sie genussvoll andere ärgern möchten. Es steht eben alles im Zeichen neugieriger Entwicklung. Geradezu erstaunlich ist, wie dann junge Leute in Glaubensfragen sehr unkompliziert an den Kern der Sache herangehen.

Jeder Lebensabschnitt nimmt somit

spezifische Aufgaben wahr. Irgendjemand sagte „die Kunst des Alterns wird zu einer Lebensaufgabe". Wird womöglich das Leben immer interessanter und der Horizont immer weiter? Könnten die Alten nicht deswegen zufriedener sein, weil sie gelernt haben, im Kontext des Umfassenden zu denken und auch zu danken? Die Fehler, die man in den Frühzeiten des Lebens gemacht hat, sollten jedenfalls später nicht wiederholt werden. Wir Menschen bleiben immer Suchende. Die der Jugend zugesprochene „fluide Intelligenz" arbeitet mit der Fähigkeit, noch Unbekanntes zu lösen und sich rasch an bestehendes Wissen anzupassen. Im Alter gibt es dann den nicht immer gesicherten Bonus eines umfassenderen Wissens-Backgrounds. Die „kristalline Intelligenz" baut auf die Vernetzungsprozesse des erworbenen Wissens. Möglich, dass man dann intensiver nach den Antworten auf die Sinnfrage sucht. Doch die Signale der Klugheit sind vom Alter unabhängig. Immer versucht der Mensch, die Lebenslinien mit zu beeinflussen. Er darf sie nicht falsch programmieren.

Wer neigt nicht dazu, sich vor negativen Entwicklungen zu verstecken. Die meisten rechtfertigen sich damit, dass es „halt so passiert ist". Man schlittere in Situationen einfach so hinein. Dennoch steht die persönliche Entscheidung im Raum und dies von allem Anfang an. Wenn wenig Bereitschaft vorhanden ist, zu reflektieren, münden die Ansichten im Chaos und in der Erfolglosigkeit. Da hilft nur, mit sich selbst wieder ins Reine zu kommen. Unschwer lässt sich der goldene Faden aus der Menschheitsgeschichte ableiten. Das Hin- und Herschwenken der Meinungen darf nicht irre machen.

16. CHANCEN DES INDIVIDUUMS

Was heftig wertvoll ist, dürfen wir kommunizieren. In der Kommunikation hinterlassen wir etwas Positives, nicht indem wir pervertieren, bekämpfen, zerstören, sondern aufbauen. Wir können dies pflegen - es wird uns Genugtuung bringen. Die Zufriedenheit definieren wir uns nicht selbst. Wenn wir es schaffen, uns nicht hinabziehen zu lassen in das, was uns nicht entspricht, haben wir gewonnen. Zwar sind wir keine Übermenschen, aber wir können uns am Alltäglichen als auch am Besonderen erfreuen. Vor allem dürfen wir uns im Metaphysischen, in der Beschäftigung mit den letzten Fragen des Seins nicht zurück entwickeln. Religiöse Überzeugung muss mit dem Leben überall koinzidieren, nicht nur in den schwierigen Situationen. Vögel oder Bienen verfügen über erstaunliche Navigationssysteme, Fledermäuse über Radarsysteme, Insekten über Stechsysteme und der Mensch über die grandiose Fähigkeit des abstrakten Denkens. Damit wurde er qualifiziert, aus der Physik in die Metaphysik einzutauchen.

Es gehört zu den großartigen Aufgaben, den Alltag zu meistern. Die einen schaffen es anders als die anderen, die einen besser, die anderen schlechter. Wir sind mit der Verschiedenheit konfrontiert. Wird uns der Alltag zu dicht, um Zeit und Sinnhaftigkeit zu bewältigen? Es wird uns nicht gelingen, die Naturgesetze zu durchbrechen. In ihrer Objektivität erkennen wir die Treue des Göttlichen zum Menschen. Ein Schöpfer, der uns in den Genen Milliarden von Informationen mitgegeben hat, macht uns aber nicht allein deswegen wertvoll. Die Erwartungen müssen ausgesprochen werden, sonst verkommen sie. Was aber, wenn wir unsere Bedürfnisse nicht erfüllen können oder wollen?

In Summe entnehmen wir der Philosophie, dass das Universum seelisch-geistiger Natur ist, Geist und Materie sind eins. Wir suchen, fühlen, spüren, wollen genießen. Genügt uns etwa als Antwort das daoistische „Wu-wei", das Nichtstun im Tun, den Geschehnissen ihren Lauf lassen, sie nur zu betrachten? So eine Passivität macht steril. Dem fernöstlichen „Wollen, ohne Wollen zu wollen" gemäß dem legendären chinesischen Philosophen Laotse steht gegenüber, dass wir Wesen mit Entscheidungswillen sind. Stellen wir uns vor, wir hätten keine Gefühle, keine Freude, keine Trauer, keinen Ärger, keine Furcht. Sind wir bei

solchem Ansinnen, allein schon mit dem
Sammeln derartiger Gedanken
überfordert? Wäre ein solcher Verlauf
erstrebenswert? Dann lass halt los, dann
freue dich nicht, dann strebe nicht, dann
werde atroph, ohne Energie, ohne
Sehnsucht, ohne Wünsche, ohne
Strebevermögen und Wollen, ein totes
Wasser - ein fatales Wesen. Es ist nicht
lange her in der Historie, da suchte der
Kommunismus eine vergleichbare
Ideologie zu verbreiten. Alles
gleichschalten, einfach so alles
einstecken, sich um keinen Fortschritt
kümmern, die Augen verschließen, ist
mehr als peinlich, es ist unheilvoll. Eine
solche Botschaft kann doch nicht richtig
sein. Dazu ist der Mensch nicht
geschaffen.

Welche Antwort erhalten wir dann, wenn
wir die Frage überlegen, wer wir sind,

woher wir kommen und wohin wir gehen? Wir sind durchaus in der Lage, die Gedanken zu ordnen und sie nicht so einfach über uns hinwegfegen zu lassen. Die aussichtsloseste aller Reaktionen wäre, wenn das Gedachte kurzerhand vergehen würde. Was bringt das Reflektieren aber wirklich? Notwendigerweise werden Gebiete aufgerissen, zu denen man zunächst gar keinen Zugang hatte. Das einjährige Kind erkennt sich noch nicht im Spiegel, der Elefant schon. In einem Experiment stellte man ein Kind und einen Elefanten mit einer Banane auf dem Kopf vor einen Spiegel. Das Kind greift auf das Spiegelbild, der Elefant auf den eigenen Kopf, um nach der Banane zu haschen. Die Verhaltensforschung weiß heute, dass auch Tiere rudimentäre kognitive Fähigkeiten haben. Das sagt aber noch gar nichts darüber aus, wie sich das menschliche Wesen weiter entfalten wird. Die Emotion seines Selbstbewusstseins besitzt es bereits als Embryo. Fest klammert es sich an die chirurgischen Instrumente der Abtreibung und wehrt sich, wie Chirurgen zu berichten wissen. Ohne daraus vorab eine Bewertung abzuleiten, ist also das Wesen Mensch von Anfang an präsent und mit ihm anscheinend auch der Odem der Persönlichkeit. Die Seele ist vorhanden, unabhängig von den kognitiven Fähigkeiten.

Haben wir schon als Kinder den Blick auf das Ideelle? Wer oder was wird uns durch die Irrgärten weiter führen? Wo befinden wir uns plötzlich angesichts solcher Herausforderungen? Wie können wir die Lawine überleben? Wenn der Schnee der Überraschung einmal abgeschüttelt ist, welche Landschaft bietet sich dann?

Bleibt nur das unmissverständliche sokratische „Ich weiß, dass ich nichts weiß"? Oder treibt uns der Überlebenstrieb in furiose Regionen euphorischer Erfüllung?

Der Völkerpapst Johannes Paul II. betonte, dass es „die menschliche Wirklichkeit nicht ohne den Bezug zum Schöpfer gibt". Versuchen wir doch, das Neue zu erkennen. Es wird uns schon nicht zerreißen. Auf der Suche nach dem Wahren werden wir nicht erblinden. Wir brauchen uns bloß zu vergegenwärtigen, was wir überhaupt suchen wollen. Zunächst erscheint es ungewiss, ob die Abfahrt in die Isolation oder in die Befreiung führt. Wie wird sich das Gewirr der Gedanken entflechten? Welche Kollegen, welche Freunde, welche Partner werden sich einfinden? Werden auch sie überrascht sein, was sich da an

Möglichkeiten anbietet?

Man stelle sich einen Eremiten vor, der das Tal der Zurückgezogenheit seiner Gedanken hinter sich lässt und alle Neugierigen fragt: seid ihr interessiert an dem Projekt des Erlebens? Sie schieben ihn plötzlich beiseite, stürmen an ihm vorbei und stoßen die Türen zu neuen Balkonen auf, die den Ausblick auf die Sehnsüchte bieten. Natürlich wollen wir sie erleben. Sternhagelblau vor Unvernunft prallen wir auf den Reigen der Bejahungen. Und sie spielen alle zusammen. Die Teile treffen aufeinander, überraschen und rollen neue Facetten auf. Der Taumel ermahnt dazu, nicht zu wanken, sondern Ordnung in die einströmenden Gezeiten zu bringen. Heißt es doch zu genießen und es nicht nur über sich ergehen zu lassen. Der Sturm der Veränderung wird nicht aufgehalten. Er breitet sich in eine Weite aus, die stets pulsierend an uns arbeitet. Mit Verlaub, wo steht der Plan, der die ganze Fülle der Gefühle im Griff haben soll? Die Antwort ist da. Mit dem neuen Erfahrungshorizont entwickelt sich intellektuell und mental der Blick auf die Dinge ganz anders. Und auf einmal gibt es viele, die am Göttlichen interessiert sind.

Schaffen wir es, unter all dem Treibholz die uns stärkende Identität zu finden? Die eigene Unzulänglichkeit darf nicht die Richtschnur sein. Die Summe der Dummheiten an fabrizierten Gesetzen würde uns Menschen übel herrichten. Fehlt der ethische Schwung, macht sich die Attraktion der Unvernunft wie ein terroristisches Mantra breit. Woher kommt die Unsicherheit oder die wahnwitzige Ohnmacht des Zweifels? Sie wirkt so sonderbar einfältig. Wehe, wenn

sie uns wieder ins Dunkel der rollenden
Lawine hinabreißt.

Wie wertvoll ist es doch, dass wir der
Sehnsucht nach dem Vollbild, zu dem wir
aufgebrochen sind, nicht entfliehen
können. Sie eröffnet den Reiz, zu neuen
Gipfeln aufzubrechen. Dem allzu
Ungestümen wird sich die Organisation
der Logik ohnehin entgegen stellen. Sie
führt ihn dann ans Ziel, das unerschöpflich
sein sollte. Wohin wir letztlich gelangen,
leitet sich schon davon ab, wohin wir
gelangen wollen. Die Grenzen setzen wir
uns nur selber, wenn wir aufhören zu
vertrauen. Das Individuum kann im
Endeffekt nichts beschleunigen. Darum ist
es ratsam, sich in Geduld zu üben. Nicht
aus der Logik allein werden wir uns der
neuen Dimension nähern. Den Weg öffnet
das Glauben.

Das Negative liegt in der Überheblichkeit, nichts anerkennen zu wollen. Wer ist der Mensch schon? Vorläufig Materie dieser Erde. Heruntergerechnet ist er fast schon eine Null, denn er ist nicht Gott. Dennoch wurde er zu mehr ausersehen. Da wäre wohl Dankbarkeit zu erwarten. Das ist nicht Sache allein der auserwählten Heiligen. Es könnte ja sein, das wir auf noch ungesehene Welten unserer Gedanken stoßen. Dazu brauchen wir Phantasie, aber noch mehr Mut. Diese beiden Zugaben sind womöglich entscheidend, ob wir mental glücklich werden. Nachdenken ist dabei unendlich wertvoll.

Die meisten Menschen suchen das Glück, haben aber vollkommen übersehen, woher es kommt. Von daher resultiert die große Enttäuschung und Leere. Sie schreckt. Es ist unerlässlich, neuen

Schwung zu bekommen, immer wieder
Impulse zu setzen. Was ist daran so
schwierig, Gott als Erstursache zu sehen?
Sich dafür zu engagieren, ist
lebenserhaltend. Dieser Entwurf bildet
keine Vorwegnahme von Aktionen im
strategischen Sinn, auch keine grafische
Übersicht über Zukunft. Es würde nichts
bringen, denn das Göttliche plant nicht -
es geschieht. Überliefert ist ja, dass
Christus geschehen hat lassen. Er ist auf
die Menschen zugegangen, hat gesegnet,
alles ohne Planung, aber mit Absicht.

Menschen leben oft so, als ob das
Göttliche nicht existent wäre. Die
Verbindung muss nun einmal vom
Menschen selbst aufgebaut werden. Der
Augenblick könnte ja eintreten, wo das
nicht mehr gelingt. Spekulativ auf den
letzten Moment zu setzen, wäre
gefährlich. Wo nicht gesucht wird, kann

auch nicht gefunden werden. Zwischen Kampf und Zuversicht auszuwählen, das geht nicht. Dafür gibt es kein Entweder-Oder, beides läuft parallel. Es gibt Probleme, die sich mit menschlichen Mitteln nicht lösen lassen.

Leid ließe sich eventuell akzeptieren, indem man nicht nur nach Erklärungen sucht, sondern einfach vertraut, selbst wenn es schmerzt. Zwar ist dies aus der Sicht von außen leichter gesagt. Würde sich dann das Leid wirklich nicht als das unbedingt Zerstörerische präsentieren? Allerdings sind wir keine Masochisten, die sich Notlagen ersehnen. So empfiehlt es sich am besten, in Geduld abzuwarten, was uns erreicht.

Einen ganz anderen Inhalt hat das im christlichen Glauben vorgeführte Leid des Jesus Christus am Kreuz. Zunächst von

Schlägen zerrissen, am Ende von den Toten auferstanden. Was da vor sich ging, ist nicht zu ignorieren. Die bezeugte Liebe am Kreuz, war nichts Angenehmes. Sie ist nichts Nettes, aber etwas Starkes, Urgewaltiges. Es ist vom Menschen nicht begreifbar. Wartet womöglich wirklich hinter den kurzfristigen Momenten das langfristige Glück? Besteht es im Aufgehen ins Unermessliche? Augustinus erklärt es so: „Als hörte ich sagen, ich bin das Brot des Großen. Wachse, so wirst du mich essen und wirst nicht mich in dich verwandeln, sondern wirst in mich gewandelt werden." Dann müssten wir aber auch zur Kenntnis nehmen, dass gerade Christus am Kreuz gelitten hat. Leid hat etwas mit der Vergänglichkeit der Welt zu tun. Vermutlich ist es dazu da, zu erinnern, dass es auch Unwahrheit gibt.

Leid ist schwer ertragbar, aber auch das Glück ist nicht in den Griff zu bekommen. Doch sind es nicht Gefühle, die den Menschen ausmachen. Leid wird durchlebt, um zu befreien. Auffallend sind die konträren Reaktionen, sobald der Mensch Leid erfährt. Es bringt ihm sowohl das Fluchen als auch das Beten bei. Manche müssen erst arm oder alleingelassen sein, um das Wahre zu erkennen. In solchen Situationen ergründet sich, was Liebe ist. So richtig umgehen können wir damit nur, wenn wir nicht ausschließlich alles selbst bestimmen wollen. Öffnen wir uns doch der höheren Autorität. Sie lehrt uns, keine Angst zu haben, weil die Perspektive auf Zukunft vorhanden ist. Das Christsein hilft dabei insofern, als in Erinnerung gerufen wird, dass Leid nicht das letzte Wort hat. Das Göttliche ist eben gewaltiger, als man denkt. Wollte der Mensch Gott auf eine kleinere Größe reduzieren als das Problem groß ist, würde es nie gelöst werden können.

17. PARTNERSCHAFT MENSCH

Wir leben von Kommunikation, das heißt von der Übertragung gegenseitiger Information. Wer seine Gedanken verbirgt, wird krank vor Stolz. Wir haben unsere Gedanken mit anderen zu teilen. Wir können Argumente nicht einfach so hinwegkehren. Die Wahrheit wird sich zeigen, sie wird uns frei machen. Jede Begegnung mit anderen Menschen, ob real oder indirekt über Geschichten, Bücher, Filme verändert uns. Wir treffen auf solche, die uns Orientierung geben und solche, die uns Energie nehmen. Wir dürfen in Anspruch nehmen, uns auf andersartige Gedankenwelten einzulassen. Dabei erfahren wir, wie unversöhnlich wir mit fremden Ansichten, mit Gesellschaft, mit unserer eigenen

Grenzhaftigkeit, vor allem mit uns selbst
sind. Noch viel unversöhnlicher ist der
Mensch mit dem Problem der Endlichkeit.
Dieser Zustand macht ihn unsicher und
bedingt ein Unwohlsein. So werden wir
dazu gedrängt, Ansichten aufzuarbeiten,
die vorerst gar keinen Platz in unserem
Weltbild hatten.

Es ist nicht leicht überprüfbar, ob die
jeweiligen Motive echt sind. Von ihnen
hängt aber unsere Haltung ab. Die
Denkweise bestimmt unseren Standpunkt.
Die Suche nach Sicherheit ist das
Leitmotiv. Doch die Gewissheit wird uns
nicht so einfach geschenkt. Wie lösen wir
diesen Knoten? Wir stellen uns
Zwischenziele. Im geeigneten Augenblick
versuchen wir, den optimalen Output zu
wählen. Dabei dürfen wir Ziel und Motiv
nicht voneinander trennen.
Perfektionismus ist sinnlos, weil er uns

nicht zusteht. Wir erreichen das Optimum nur im Unvollkommenen. Und wir werden nicht umhin kommen, zu verzichten. Wenn wir das nicht gelernt haben, wird uns die innere Freiheit entgleiten. Dann saugt uns die Hoffnungslosigkeit regelrecht aus.

Wir brauchen die Hoffnung, um unsere Handlungen zu identifizieren. Ob Arbeit oder Hobbies, ob Bildung oder soziale Beziehungen, sie alle lassen sich auf eine Identifikation zurückführen. Neben Sorgen und Ängsten muss auch Hoffnung Platz haben. Dazu entwickeln wir unsere höchstpersönlichen Szenarien. Nur der irregeleitete Narzissmus, die übersteigerte Ichsucht, entzieht sich diesem Selbstverständnis. Narzissten kennen nicht einmal die Liebe für sich selbst. Psychologen gehen so weit zu sagen, dass der antireligiöse Affekt eine narzisstische Kränkung ist.

Nietzsche ficht als Nihilist das
Sinnverständnis an: „Es sei unmöglich ein
freier Mensch zu sein, wenn man
jemanden über sich hat". „Wenn Gott
mich wieder durch die Barmherzigkeit
erreicht, sei das eine Schwäche". „Gott ist
tot, es lebe der Übermensch". Der
Mensch schafft sich selbst. Ohne
Anerkennung des Höheren findet sich
nichts, an das man sich wenden könnte.
Vielleicht ist Depression eine Art von
Traurigkeit, da niemand mehr da ist, dem
man sich anvertrauen könnte. Das
Herbeisehnen von absoluten Freiräumen
wird zum beliebten Manipulations-
instrument. In Urzeiten schnitzte man sich
Figuren und erklärte sie zu Göttern. Heute
bastelt man immer noch an den
unterschiedlichsten Vorstellungen, um an
Erfolg und Gesundheit heranzukommen.

Doch Götzenanbetung kennt die Barmherzigkeit nicht.

Es lässt sich nicht übersehen, dass die anvisierte Befreiung von letzter Zukunftsangst ausschließlich über die Barmherzigkeit im Göttlichen läuft. Der Wille des Göttlichen stärkt. „Bauplan und Wendeltreppe haben eine innere Achse", sinniert Johannes Paul II., „aus jedem Übel gibt es immer das Gute. Diese Achse hat einen Namen: Gott. Diese Erkenntnis reflektiert aus der Barmherzigkeit Gottes in der inneren Achse. Das Böse hat seine Grenzen an der Barmherzigkeit." Wozu wären sonst all unsere Bemühungen gut? Etwa, dass wir weggeschwemmt werden, wenn wir einmal nicht mehr gebraucht sind? Es gibt die Möglichkeit, mehr als nur für einen Augenblick im Weltengeschehen zu existieren. Was wird passieren? Können wir uns endlich darauf einstellen, was uns wirklich angeht? Sehr schnell werden wir von der persönlichen Entwicklung korrigiert, erst recht von den Ereignissen der Menschheit.

Es gibt noch größere Anreize als Empathie, Mitgefühl, Trauer, Hilfsbereitschaft. Das sind bloß Reaktionen. Unweigerlich stoßen wir in der Selbstwahrnehmung auf die Barmherzigkeit. Sie ist nicht mit Mitleid zu verwechseln, genauso wenig wie Demut mit Schwäche gleichzusetzen ist. Andersherum setzt Demut auf Einsicht und Zuversicht, dem Gegenteil von Angst. Davon wissen viele, die in der Hochleistung stehen, zu berichten. Das Christliche hat den Leitspruch, sich nicht davor zu fürchten, wie irgendein unvorsichtiges Insekt zertreten zu werden. Der Mensch ist nicht auf Unterwürfigkeit angewiesen. Was kann

man von ihm erwarten? - im Staub
wälzen, nein; bitten, ja; danken und
lobpreisen, ja. Es gelingt nicht, sich selbst
freizuschaufeln. Dies liegt ausschließlich
im Wohlwollen einer höheren Macht. Es
ist als Barmherzigkeit definiert.

Der Aufbruch zum Erfolg richtet sich nach
Leitlinien. Eine gewisse Portion
Zielstrebigkeit ist die Voraussetzung. Sie
wird sogar genossen, so wie
Leistungssportler es tun, wenn sie ihr
Wunschziel aufspüren. Trotz der
Erregtheit vor dem Wettkampf sind jene
in der Performance stark, die nicht in
Hektik ausflippen. Die Coolness wird aber
nicht nur in den Augenblicken der Stärke
verlangt, man braucht sie ganz besonders
im Zeitpunkt der Schwäche. Dies gelingt
am leichtesten, wenn bereits ein
Selbstwertgefühl aufgebaut worden ist. Es
muss sich ja auch gegen Neid und

Missgunst bewähren. Diese Gegenkräfte sind konträr zum Aufbau eines tragfähigen Gefüges. Sie münden in der Zerstörung von Idealen.

Der Unbarmherzigkeit von Raum und Zeit wird die Barmherzigkeit des Göttlichen entgegengehalten. Der Existenzphilosoph und Psychiater Karl Jaspers untermauert, dass „Freiheit nur durch Wahrheit möglich ist." Wenn die weltliche „Unwahrheit jeden Frieden vernichtet, also das eigentlich Böse ist", ist der auf das spirituelle Ziel ausgerichtete Friede eine Frucht der Demut. Der Literatur-Nobelpreisträger Alexander Solschenizyn erklärt: „Ein einziger Gedanke der Wahrheit ist wichtiger und mächtiger als das ganze Universum". Mit dem Unglauben entfernt man sich immer mehr von dem, was den Sinn des Menschseins ausmacht. Die Aktivität unserer

Gesinnung lässt sich nicht auslöschen, den Kampf zwischen Glauben und Unglauben wird es immer geben.

Das isolierte Individuum per se gibt es nicht. Unser Sein erwächst aus der Beziehung. In all der vorhandenen Ohnmacht und Zerbrechlichkeit ist das Essenzielle die Beziehungsfähigkeit. Unser Sein erwächst aus der Beziehung. Es begegnen sich ja keine Aggregatzustände, sondern Menschen. Wenn das Kulturchristentum mancherorts schwächelt, das Beziehungschristentum tut es nicht. Doch wie bringt sich der Mensch in die persönliche Beziehung zum Gott ein? Phrasen à la „wie die Zeit doch vergeht" ziehen die Gemüter genauso hinab wie sinnlos banalisierte Lebensweisen. Wer Traurigkeit demonstriert, macht andere traurig. Aufmunterung ist gefragt. Die

grundlegend positiven Stimmungen sind
es, die uns weiter motivieren. Wo ist das
grundlegend Positive vorzufinden? Der
Mystiker Meister Eckhart meint, „Gott ist
immer in uns, nur wir sind nie zu Hause".

Der Mensch ist nun einmal mit den
Auswüchsen seiner persönlichen Natur
konfrontiert. Die Kanäle des Hasses
sammeln sich im Ausguss des Primitiven.
Das Hasspotenzial scheint immer auf
Lager zu sein. Wollen wir es bewältigen,
müssen wir uns der Konsistenz unserer
Seele widmen. Mystik kann dem Scheitern
entgegenwirken. Das, was am Kreuz in
Golgatha geschah, ruft uns zum
gegenseitigen Annehmen auf. Damals
wurde der Menschheit vorgeführt, dass es
möglich ist, nicht zu hassen. Diesen Wert
zu bewahren, ist eine zentrale Funktion
unseres Lebens. Nicht die
exhibitionistische Hysterie soll befriedigt

werden. Wenn Ehre, viel mehr noch die Würde des Menschen nicht mehr geschützt sind, kollabiert die Gesellschaft. Ehre gegenüber dem Menschen bedeutet gleichzeitig Ehrfurcht vor dem Übernatürlichen. Die Verhaltensmuster unterscheiden zwischen Tugend und Untugend, Menschlichkeit und Bestialität. Narzissmus ist menschenunwürdig.

Leben ist präsent und damit auch das Positive und das Negative. Woher das jeweilige kommt und überhaupt warum, bleiben kontroverse Fragen. Die Bibel offeriert dazu das Gleichnis vom guten Samen, der auf Fels, Sand oder guten Boden fällt. Schließlich könnten wir ja aufgepolstert von der Vernunft des Glaubens geradezu gut leben. Tun wir das auch? Sind das überhaupt wir, die da entscheiden? Aus dem Unterbewussten tauchen unzählige Reize, Stimmen,

Begehrlichkeiten auf. Es bleibt uns nicht verborgen, dass sie einem tödlichen ‚Fading‘, einem Verblassen von Sinn unterliegen.

Das rein naive positive Denken wird uns nicht weiterhelfen. Religion ist imstande, ernsthafte Lösungsangebote vorzuschlagen. Wenn Christen ihr Vorbild in Jesus Christus selbst finden, ist er zwar unerreichbar, bietet aber konkrete Anhaltspunkte. Jener Jesus stand in seinem Leben inmitten von Konflikten. Er hat sie souverän gemeistert. Sein Auftreten war allen gegenüber ohne Unterschied unvermindert positiv. Das Positive ist also vorhanden, wir könnten es in uns selbst finden. Damit haben wir eine große Chance, in den Unbilden der Ereignisse, nicht verloren zu gehen. Die Nächstenliebe bleibt als das Hauptprogramm der christlichen

Grundeinstellung bestehen. Sicherlich ist sie nicht einfach zu realisieren, manchmal verachten wir sie sogar. Aber wir sind auf ihren Kreislauf angewiesen. Wer sind wir denn, dass wir uns dem verweigern wollen?

Immer wieder gibt es neue Erwartungen, neue Rollen, neue Aufgaben für das Individuum. Den Wandel spüren wir besonders beim Schritt vom Bekannten zum Unbekannten als ein unbekanntes Risiko. In der Management-Lehre wird Change-Management als das Konzept der positiven Abweichung definiert. Der Wandel ist nicht Schicksal, er lebt von der Eigeninitiative. Genau das wird auch von der Seele gefordert. Sie wird die Veränderung zum rational Positiven angehen. Was mit Gottvertrauen apostrophiert wird, unterbricht den Trott des Alltags. Es fördert das Loslassen-

Können, erleichtert die Bejahung. Wir bekommen durchaus die Hinweise darauf, wo das Göttliche ist und wo wir sind.

„Der Mensch denkt, Gott lenkt" ist eines der unauslöschlichen Basis-Axiome. Der Mensch bleibt immer der Zweite, zuerst ist Gott, dann der Mensch. Dem Göttlichen ist vorbehalten, wie die menschliche Identität im Einzelfall aussieht. Wer sich trotzdem ausschließlich an seinen Eigenwillen gebunden fühlt, wird vieles nicht erfahren. Es geht nicht um Drohgebärden, sondern um logische Konsequenzen. Wollen wir uns etwa vor dem göttlichen Prinzip verstecken? Das brächte nichts außer Absonderung von der Realität. Wir Menschen werden die letzte Gerechtigkeit mit all den Geheimnissen des Absoluten soundso nicht begreifen können. In den Prophetien wird ausdrücklich vermerkt: „Meine

Gedanken sind nicht eure Gedanken und
eure Wege sind nicht meine Wege, spricht
der Herr." Wir sind also mit Warnungen
konfrontiert. Es gibt nun einmal Dinge, die
dem Menschen verkündet worden sind.
Wir wären gut beraten, Verheißungen
nicht als unnütze Erzählungen anzusehen.
Dem Menschen ist die Möglichkeit
gegeben, über die Schöpfung und den
Sinn zu meditieren. Es hat ihn einfach zu
interessieren. Die Sinnfindung ist kein
Luxusempfinden.

Das Regulieren ist nicht Sache des
Menschen, er ist nicht der Regulator.
Dafür kann er aber reflektieren und das
mitgestalten, was geregelt ist. Warum
nützt er das Vorgegebene nicht und
ruiniert sich selbst? Er beeinflusst den
Weg nicht, doch er geht ihn, egal in
welche Richtung, ins Positive oder ins
Negative. Spannender können die Zeiten

nicht durchlebt werden. Irgendwann einmal reduziert sich alles auf den Nullpunkt, der rechnerisch eintritt. Es ist der gravierende Neuanfang. Das anzuerkennen wird nicht so einfach sein. Das Kurzfristige bedarf des schnellen Entschlusses, das Langfristige setzt aufs Meditieren.

Die Menschheit schafft sich ihre eigene Vorwärts-Entwicklung. Dafür handelt sie sich oft langfristige Schäden an Gesundheit und Wohlbefinden ein. Die Luftverschmutzung beispielsweise hat ähnliche Auswirkungen wie Massenmord. Die Konzentration im Blut von Schadstoffen à la Kohlenstoff oder Quecksilber tut ihr Übriges. Exemplarisch sind die Megametropolen des 21. Jahrhunderts. Die Massen-Agglomerationen verdichten sich und bergen unübersehbare Gefahren. Die katastrofische Hyperkonzentration von Menschen macht engstirniger, weniger tolerant, die Menschen werden zu einheitlichen stromlinienförmigen Mustern. Das ist nichts Schönes. Mit Zerstörung kann man nicht positiv umgehen. Was lebt, ist wohl eher die Natur. Sie wird darauf aufmerksam machen, dass Klimaveränderungen, Weltumstürze oder generell der Wandel der Zeiten ihre Verursacher haben. Auch das gehört zur Erkenntnis. Verschiedenes lässt sich korrigieren, wenn man will. „Macht euch die Erde dienstbar" ist gar nicht so einfach, weil es mit Verantwortung verbunden ist.

18. ERWARTUNGSHALTUNG

Was ist das, was ich bin? Wozu bin ich? Was ist das, mein Leben? Der Mensch lässt sich nicht als ein bloßes Materiepartikel definieren. Daher reduziert er sich nicht allein auf das Materielle. Der Grund des Seins offeriert sich dem Menschen. In dieser Akzeptanz liegt viel Hoffnung. Der innere Unfriede wird gesprengt. Als die ersten Christen der sogenannten Nah-Erwartung des Heils verfielen, stellte sich heraus, dass sie sich wieder einmal geirrt hatten. Der Mensch kann nun einmal in der Entwicklung nichts beschleunigen. Eine Erwartung, die sich nicht gleich erfüllt, ist jedoch deswegen nicht von vornherein ausgeschaltet. Der Tod Christi verursachte bei seinen Jüngern zunächst Verstörung. Das war die Nah-

Erfahrung. Erst langsam schöpften sie
wieder Kraft und gingen in die Welt
hinaus, um das Erlebte zu verkünden. Sie
erzählten nicht von Legenden, sondern
von dem, woran sie selbst teilgenommen
hatten. Nach wie vor schwimmen auch
wir mit unseren Erfahrungen in den
Kategorien von Erschrecken, Traurigkeit,
aber auch Trost umher.

In den gesendeten Signalen schwingt der
Lebenssinn mit. Ob und wie die
Indikatoren wahrgenommen werden,
steht auf einem anderen Blatt. Erfahrung
braucht ihre Zeit, um die monströsen
Gedankenspiele zu bewältigen. Sie muss
wirken. Dazu gehört auch das Nachsinnen
über das Leid. Woher kommt es und
wohin führen all seine Schmerzen? Die
Leidensfähigkeit ist im Menschsein
begründet. Leid hat etwas damit zu tun,
dass diese Welt ihre Entwicklung noch

nicht zu Ende gebracht hat. Das
Bestehende demonstriert eine gewisse
Feindseligkeit, eben weil es
unvollkommen ist. Wenn auch viele
Fragen unbeantwortet bleiben, die
Bewältigung von Leid entpuppt sich im
Umkehrschluss als große Leistung.

Eine unerbIttliche Gefühlsschwere breiten
die Ereignisse der Geschichte aus. Wie
meistern wir sie? Nie war es angenehm,
erschreckende Zustände zu akzeptieren.
Wie und warum geschah das
Geschehene? Ununterbrochen stehen wir
vor einer gewaltigen Phalanx von
Störungen, die auf unsere Bewusstheit
einwirken. Das System Mensch steht
unter Beschuss. Wird dies nicht erkannt,
besteht Gefahr in Verzug. Immer schon
war der Mensch irritiert und wollte das
Wesentliche verdrängen. Dann blieb ihm
nur übrig, sich in die Unersättlichkeit des

Kismets zu stürzen. Wenn soundso nichts mehr zu ändern ist, bietet sich der banale Versuch an, den Knoten in Eigenregie zu lösen. Mechanisch kommt es zur Zerstörung des Menschseins. Wollen wir denn eine solche Selbstvernichtung?

Wer etwas Positives erwartet, setzt auf Vertrauen. Mit Zuversicht in das göttliche Prinzip müssten auch die schweren Zeiten zu ertragen sein. Alles andere ist nicht so brisant. In seinem Buch „Der fünfte Berg" stellt Paulo Coelho die Frage: „Warum bevorzugt der die Welt geschaffen hat die Tragödie, um das Schicksal zu schreiben?" und antwortet treffend: „Die Tragödie existiert nicht, sondern nur das Unvermeidliche. Das Unvermeidliche ist das Vorübergehende. Das Endgültige, das sind die Lektionen aus dem Unvermeidlichen." Das Unvermeidliche wird somit vom Endgültigen unterschieden. Im Endgültigen liegen die

Antworten auf unsere Existenz. So erfahren wir das Übernatürliche und erkennen das Prinzip der Hoffnung. Was Hoffnung nimmt, dagegen sollten wir uns wehren.

Der Kontakt mit dem Göttlichen wurde erlebt, als es sich dem Menschen als Mensch zeigte. Anders ließe sich der Sinn des Lebens gar nicht vermitteln. Nach christlicher Erfahrung stellt das Erscheinen der göttlichen Person ein überwältigendes Ereignis dar. An ihm wird sich der Mensch orientieren. Ihm wird die Gegenüberstellung bewusst. Christen werden im Namen der Drei-Einheit getauft. Nicht wie von außen vermutet werden könnte, als gäbe es zwei, drei oder mehr Götter. Wie viel unendliche Anblicke es gibt, ist der menschlichen Begrenztheit soundso unzugänglich. Die Jünger verehrten ja nicht den Menschen

Jesus Christus, sondern in ihm den einen
Gott. Der Schöpfer des Kosmos kommt in
die Kleinheit der Erde. Er selbst schafft
den Kontrast. Er kommt aus der
Unendlichkeit in die Endlichkeit, aus der
Allmacht in die Ohnmacht. Gott begibt
sich in das Nichtgöttliche: „Das Licht ging
in die Finsternis, die Liebe begab sich in
den Hass, die Wahrheit begab sich in die
Lüge, in den Tod."

Es gehört zum fundamentalen
Glaubensinhalt des Christentums, dass
das Göttliche menschlich erfahrbar
wurde. In dieser Prozedur steckt die
schöpferische Kraft. Was bedeutet das
Eintreten Gottes in das Irdische? Christus
machte als Menschensohn alles Irdische
durch, war mitten unter den Menschen,
von den Windeln des Babys bis zum
Reifen des Erwachsenen, vom
handwerklichen Wirken eines

Zimmermanns bis zum grausamen Sterben am Kreuz. Für das Eintreten für Gerechtigkeit wurde er verhöhnt und verurteilt. Am Ende wurde auch er ins Grab gelegt. Wie war die erste Reaktion seines intimen Freundeskreises angesichts des vermeintlichen Schlusspunktes der Story? Aus der Täuschung wurde Enttäuschung. Allein Maria verharrte bis zum Ende und darüber hinaus. Sie erwies sich nicht nur symbolisch im Leid als Trägerin des Lebens. Die Jünger ihrerseits hatten sich geirrt, denn sie trafen mit diesem Jesus Christus wieder zusammen. Sie erlebten, dass doch er es war, der obsiegt hat. Was folgte, war mehr als nur eine journalistische Berichterstattung der Ereignisse.

Der Bezugspunkt für den zwischen-menschlichen Meinungsaustausch sind die Grundannahmen von Wahrheiten.

Eine davon definiert das Göttliche als geistiges Wesen, zugleich auch als Person, mit der wir kommunizieren. Wäre das Göttliche nicht persönlich, wäre es auch nicht absolut. Es ist eine intime Beziehung, von Ehrfurcht bestimmt sein muss und dennoch in einem glaubenden „Du"-Verhältnis eingebettet ist. Zeit, Natur, Kosmos sind relative Größen. Über der Relativität steht eine absolute Größe, die unabhängig von einer Ursache ist. Bestimmendes Element ist das Phänomen „Liebe". Die christliche Einstellung ist keiner Philosophie, auch keiner Moral verpflichtet, sondern einzig und allein einer Person, die das Göttliche ist. Die Kontraposition hält dagegen: was brauchen wir das? In die Diskussion wird geworfen, wem sich das Göttliche überhaupt mitteilt. Das Übernatürliche gehört zum Selbstverständnis der Menschheit und ist für jedes Individuum

relevant. Was kann der Mensch bei all
seiner Begrenztheit tun?

Warum machen es sich die Menschen so
schwer? Aus Jux und Tollerei, aus Freude
am Experimentieren oder aus
Unverständnis? Ursprung und Identität
müssten uns schon deswegen
interessieren, um die Gegenwart zu
meistern. Darin liegt die Quelle unserer
Werte. Nicht die Inkulturation irgendeines
Kontinents macht die Weltfrage aus. Für
das menschliche Sein ist das
ausschlaggebend, was universell
geoffenbart wurde. Es macht die
persönliche Existenz erst tragfähig. Für all
das, was wir Menschen nicht können,
aber trotzdem erhoffen, brauchen wir das
Göttliche. Die Rechnung ist einfach und
digital, sie besteht aus einer Null und
einer Eins, dem Dafür- oder dem
Dagegen-sein. Nichts ist zufällig. Auch

wenn alles einmal den Bach runtergeht, die Handschrift der Errettung ist in dem Chaos immer noch ersichtlich.

Niemand darf denken, es käme auf ihn nicht an. Von einer brasilianischen Glaubens-Gemeinde wird ein sehr sinniges Gebet überliefert: „Gott allein kann schaffen, aber du kannst das Geschaffene entfalten, Gott allein kann Gesundheit schenken, aber du kannst sorgen und heilen, Gott allein kann Glauben schenken, aber du kannst dein Zeugnis geben, Gott allein kann Liebe schenken, aber du kannst andere lieben, Gott allein kann Freude schenken, aber du kannst ein Lächeln geben. Erinnere dich, dass nichts von dir selber stammt und danke für alles Geschenkte." Die Schlussfolgerung ergibt, dass der Mensch nicht autonom existiert. Darin ist das Urbild des Glaubens enthalten. Kann uns

das egal sein? Vor allem wenn wir
gewohnt sind zu fragen, was es uns nützt.
Den Glauben wird man nicht unüberlegt
annehmen.

Existenz ist nicht existent, wenn der
Urgrund ihres Bestehens nicht existiert.
Auf seine Suche sollte sich der Mensch
begeben. André Frossard, ein aus einem
tiefroten Milieu stammender
französischer Journalist, Ex-Atheist, zum
Katholizismus konvertiert, outet sich in
seinem Buch „Gott existiert – Ich bin ihm
begegnet": „Nachdem ich gefunden habe,
werde ich jetzt erst zu suchen haben". Das
Bemühen hört also nie auf, unter
anderem meint er noch: „Das
Nichtglauben im Kollektiv führt zu einer
unpersönlichen Form einer eingebildeten
Unsterblichkeit." Das Glauben gehört zur
Individualität des Menschen. Es ist kein
Kollektivwert, aber auch kein falscher

Egoismus. Der Eigenwert wird nicht über
den des anderen gehoben. Die Suche nach
Wahrheit und Sinn begleitet uns.
Niemand schafft dieses Vorhaben allein.
Es braucht den Anderen, egal ob zur
Ermutigung oder zur Korrektur. Leben ist
vorwiegend Beziehung. Im selben
Atemzug ist es an das Göttliche
gebunden.

Nichtglauben ist eine Willens-
entscheidung. So leugnet der Atheist das
göttliche Sein, der Agnostiker will das
Göttliche gar nicht erst erkennen und
meint niemand sei dazu berechtigt. Es
gebe keine Wahrheit, Gottesbilder seien
subjektive Vorstellungen. Stattdessen
neigt man dazu, die Bedeutung des
Menschen zu übertreiben. Der Mensch
wird vergötzt und über alle Dinge gestellt.
Das führt zur Sinnlosigkeit. Es gibt aber die
Offenbarung. Sie baut die Beziehung zum

Göttlichen auf. Wie sonst will man das Göttliche erfahren?

Im Glauben erfolgt die Kommunikation über das Gebet. Die Gespräche mit Gott sind nicht dazu geeignet, eigene Wünsche zu erfüllen. Diesen Hokuspokus gibt es nicht. Wenn es trotzdem vorkommt, sollte es als Wunder respektiert werden. Gebete sind dazu gedacht, durch die guten und schlechten Umstände zu leiten. Diese Art von Meditation sollte man sich nicht nehmen lassen. Sie schärft die Sinne. Wagt man sich in jene Tiefe, erkennt man eher, wer man wirklich ist. Damit werden wir befähigt, selbst die gefährlichsten Situationen im Griff zu haben.

19. WAS IST WEISHEIT?

Weisheit erweitert das Denken. Es macht Wissen brauchbarer. Wohin rückt das Streben der Menschheit? Weisheit fragt nach dem Zusammenhang. Sie kann mit der Komplexität umgehen. Die umfassende Wissensmenge richtig handhaben zu können, ist auch in der Kunst des hohen Managements nicht unerheblich. Weisheit kann sogar auf sehr irdische Befugnisse gespiegelt werden. Weise ist, was auf das Wichtige hinweist. Dem Hin und Her ausgesetzt liegt es an uns, wie viel Zeit und Energie im täglichen Rhythmus bleiben, um in Weisheit zu entscheiden. Irgendwann könnte es sich ereignen, dass wir vor Problemen stehen, die mit menschlichen Mitteln nicht mehr lösbar sind. Sich aufgeben würde bedeuten, die ersehnte Erfüllung zu verzögern.

In der obersten Liga des Nachdenkens gibt es etwas, das sehr intensiv wirkt: Mystik. Sie führt auf den Weg in die Erfahrung einer absoluten Wirklichkeit. Sie hebt uns aus der Enge der Zeit ins Metaphysische. Mystik geht mit der transzendenten Realität konsequent um. Sie ist kein unkompliziertes Terrain. Nicht umsonst bedeutet das altgriechische Wort ‚mystikos' „das Geheime". Im Wort „myein" steckt das Augenschließen zum Nachdenken drin. Das Transzendente begreifen wir nicht so ganz, sind aber bereits mit ihm konfrontiert. Die Agnostik will dagegen halten und stempelt alles als nicht real ab, was außerhalb des Experimentellen steht. Doch schon Aristoteles bezeichnet das, was „neben der Physik faktisch besteht" als

„Metaphysik". Sie beschäftigt sich mit der Realität des Seins, mit seinem Ursprung, Grund und Ziel.

Wenn der Mensch aus etwas Absolutem hervorgebracht ist, bleibt er in dieser Verbindung oder er stürzt in die Vergessenheit ab. Eine solche Beziehung stellt sich als höchst persönlich heraus. Sind wir bereit, die neue Welt zu betreten? Mystik steht außerhalb der Zeit. In diesem Sinne hat die katholische Messfeier eine zutiefst mystische Bedeutung. Sie ist mehr als nur Erinnerung, mehr als nur Symbol, wie uns die Theologie lehrt. Die Wesensverwandlung von Brot und Wein nach christlichem Verständnis in die reale Präsenz Gottes macht es offenkundig. Sie entschleiert den Sinn von Geschichte. Eucharistie beinhaltet damit nicht nur Danksagung, wie es in ihrer Definition steht. Sie schließt die Vergegenwärtigung des Göttlichen in konkreter Form ein. Mit ihr wird Sinn vermittelt. Die Liturgie wird zur Methode, in die Nähe Gottes zu gelangen. Wenn sie nicht auf einen automatisierten Ritus verkürzt wird, beeinflusst sie ganz wesentlich das individuelle Leben der Mitfeiernden.

Auf der Suche nach dem Sinn trifft man auf die unterschiedlichsten Argumente. Es ist nicht ratsam, sich auf diejenigen einzulassen, die verleiten wollen, womöglich noch ohne Warnung. Verführen läuft parallel zum Verleugnen, gefolgt von Resignation. Wie kommt die Leugnung zustande? Die Freude am Negativen hat offenbar die gleiche Anziehungskraft wie die Faszination des Positiven. Die Verwirrung ist vollzogen, aber unnötig. Eigentlich sollte die Aussicht auf Zukunft freigelegt werden. Sie mobilisiert das Leben. Der positiv Denkende, der die Chancen zu nutzen bereit ist, ist seiner Vision verpflichtet. Wie würden wir von unserem Glauben erzählen? Eventuell mit natürlicher Sicherheit? Sinnigerweise heißt es in einer der bedeutenden Schriften des Judentums, im Talmud: „Achte auf Deine Gedanken, denn sie werden zu Worten. Achte auf Deine Worte, denn sie werden zu Handlungen. Achte auf Deine Handlungen, denn sie werden zu Gewohnheiten. Achte auf Deine Gewohnheiten, denn sie werden Deine Persönlichkeit. Achte auf Deine Persönlichkeit, denn sie wird Dein Schicksal".

Muss denn der anfängliche Enthusiasmus später in Resignation verfallen? Wie erhalten wir die Hoffnung aufrecht? Sobald sie aufscheint, heißt es, aufzubrechen. Es könnte ja der Weg ins Absolute sein, etwa die ersten Schritte außerhalb von Raum und Zeit. In einem Psalm des Alten Testaments heißt es „Meine Tage waren schon gebildet, als noch keiner von ihnen da war." Wer hilft dabei? Vom Irdischen kommt die Kraft sicher nicht. Sie wird wohl weit darüber hinaus zu erwarten sein, dort wo auch die Angst genommen ist. Sind wir gar mit unseren bisherigen Ansichten falsch positioniert? Vielleicht ist alles schon vor der Zeit entstanden und am Ende der Zeiten ist es erfüllt. Albert Einstein sagte, „Für uns gläubige Physiker ist die Scheidung von Vergangenheit und Zukunft nur eine Illusion, wenn auch eine sehr hartnäckige". Für ihn gab es die kosmologische Konstante in der Relativitätstheorie.

Wenn Weisheit die Kenntnis über das

Leben bedeutet, registriert sie auch die Zusammenhänge der großen Dimensionen. Damit ist sie der höchste Stand der persönlichen Entfaltung. Eine falsche Vorgangsweise in diesen Dingen könnte sich als gefährlich erweisen. Wir finden uns beim weisen König Salomon wieder, wenn er sagt: „Ich richtete auch mein Herz darauf, dass ich Weisheit erkannte und Tollheit und Torheit erkannte. Ich ward aber gewahr, dass solches auch Mühe um Wind ist. Ich sah alles Tun an, das unter der Sonne geschieht; und siehe, es war alles eitel und Haschen nach dem Wind". All die Bitterkeit ist Asche. Darum heißt es im Neuen Testament: „Gott hat die Weisheit des Menschen zur Torheit gemacht". Was dem Menschen wichtig ist, scheint ihm weise zu sein. Doch seine eigene Weisheit ist nicht der letzte Schluss. Sie muss irgendwo in Demut und in Dankbarkeit

münden. Das ist das Einzige, was der
Mensch zur Vervollkommnung des Seins
beitragen kann. Weisheit schließt ein,
dass das Göttliche allein leitet. Vom
Menschen angesprochen, offenbart sich
die Antwort. Es gibt also diese Weisheit,
die nicht erdacht werden kann. Sie wird
erfahren. Es zahlt sich aus, die Weisheit
der Erfahrung und die Erkenntnis der
Begrenztheit souverän miteinander
spielen zu lassen. Johannes Paul II. betont:
„Die Philosophie muss ihre
Weisheitsdimension wieder finden in der
Suche nach dem letzten Sinn des Lebens.
Diese Weisheitsdimension ist heute umso
unerlässlicher, weil die enorme Zunahme
der technischen Macht der Menschheit
ein erneutes und geschärftes Bewusstsein
für die letzten Werte verlangt".

Der christliche Glaube, der seit zwei
Jahrtausenden verkündet wird, beruht

nun nicht auf menschlicher Weisheit. Er hängt nicht vom menschlichen Wissen ab. Er ist an kein irdisches Weltbild gebunden, er macht geradewegs frei. Paulus bezeugt, „er habe das Evangelium nicht von einem Menschen gelernt. Er wisse sehr wohl, an wen er glaubt". Er konfrontiert uns mit einer Bescheinigung, die mehr als eine Binsenweisheit ist. Petrus, der erste Bischof der Kirche, veranschaulicht mit seiner Lebensgeschichte deutlich, dass wohl niemand bereit wäre, bloß für eine Wahrscheinlichkeit zu sterben. Die Erkenntnisse aus dem Leben treffen auf den Ursprung, auf eine höhere Macht. Das kann schwerlich geleugnet werden.

Wenn wir uns schon mit der Variationsbreite des Lebens brüsten, sollten wir den Geist der Weisheit nicht ausgrenzen. Ihn abzuschütteln wäre

unvernünftig. Wir brauchen diesen Geist
gegen die Unwissenheit und gegen die
Torheit. Unser Bewusstsein ist ein
bestimmender Motor auf dem Weg zur
Weisheit. Es richtet sich auf etwa
Bestimmtes aus. Das überrascht nicht.
Darauf arbeiten wir gedanklich ein Leben
lang hin. Weisheit beruft sich auf
Wahrheiten, die den Menschen angehen.
Sie sollen sein Denken nutzbar machen. Es
ist der richtige Umgang mit Wissen.

Sokrates sagt: „Das Gegenteil vom Weisen
ist nicht der Ungebildete, sondern der Tor,
der nicht nachvollziehen kann, was er
nicht selbst erlebt hat". Im Kneten der
Gedanken formen wir Ideen, es entsteht
etwas Neues. Dabei sind wir von
unterschiedlichen Eindrücken und
Einflüssen abhängig. Wir müssen also
genau hinschauen. Das Schauen gibt Ruhe
und auch Genuss. Beschaulichkeit gehört

zur vollendeten Leistung. In ihr pulsiert
das Gemüt. Beschaulichkeit gelingt nicht
nur in der Natur und in der Kunst, sondern
auch in Wissenschaft, Politik und
Wirtschaft. Betrachtet wird, was gefunden
wurde. Was, wenn es zu Ende geht? In der
Betrachtung liegt die Weisheit.

20. WAS GLAUBEN WIR?

Haben wir offene Augen, wenn wir durch Sackgassen gehen, die wir selbst konstruiert haben? Auf einmal bietet sich das Unermessliche an. Das Angebotene kann gar nicht als unrealistisch abgehakt werden. Nirgendwo schaffte es die Logik, die fundamentalen Glaubenswahrheiten zu unterminieren. Das Nichts kann nichts schaffen, nicht das, was den Äther durchströmt, was die Vorstellung ausmacht oder die Triebe und Sehnsüchte bestimmt. Welche Energien wurden den Lebewesen in den verschiedenen Entwicklungsstufen eingeimpft? Von alleine werden sie nicht da gewesen sein. Großartige Künstler hört man oft von sich sagen, dass sie ihre Werke nicht machen - sie entwickeln sich und sind dennoch schon von vornherein vorhanden.

Irgendetwas steckt dann doch dahinter.

Die Natur kennt die Konstanten des
Verhaltens. Das zeigt sich bei der
Ernährung, beim Sex, bei der Mutterliebe.
Letztere ist ein unauslöschlicher Trieb,
kein Entscheidungsmuster wie es die
eingegangene Liebe einem Mitmenschen
gegenüber ist. Wir sind mit
unterschiedlichen Mechanismen
ausgerüstet, die sich zu Konventionen
entpuppen. Den Mitmenschen nicht zu
töten, beruht auf der Konvention der
Ethik. Die Liebe selbst, die sich von Gemüt
oder Trieb loslöst, ist ein
Entscheidungsvorgang. Sie ist gewollte
Absicht. Gelangt sie auf das Niveau des
Übernatürlichen, könnte es sein, dass sich
ein besonderes Verhältnis zum Sein
entwickelt.

Das Glauben ist lebensbestimmend, weil

es das Individuum prägt. Der
Glaubensintellekt beruht auf dem Prinzip,
dass Glaube nicht ohne Verstand und
Verstand nicht ohne Glauben funktioniert.
Anstatt uns an alltägliche Vermutungen zu
hängen, könnten wir uns auf das
Substanzielle im Leben ausrichten. Gerade
beim Glauben bringt es nichts, wenn wir
unnötigerweise Im Nebel herumstochern.
Wir erfahren unsere Ohnmacht besonders
dann, wenn wir mit dem Göttlichen wie
mit etwas Abwesendem sprechen. Gerade
wenn es nicht nach unseren eigenen
Wünschen geht, deutet man dies als eine
Abwesenheit von Gott. Das Dilemma
taucht dort auf, wo wir unsere eigenen
Köpfe durchsetzen wollen.

Was drückt welcher Glauben aus? Was
wurde uns überliefert? Beginnt doch die
Geschichte der Menschheit nicht ständig
bei einem Nullpunkt. Sie ist die Zeitspanne

der gehenden und kommenden Geschlechter. Im Überblick der Zeiten begreifen wir ein wenig die Befindlichkeit der Kreatur Mensch. Haben wir einmal die Kulturgeschichte der Menschheit erfasst, werden wir mit der virtuellen Wissensflut der Zukunft recht gut zurechtkommen. Unerbittlich verlangt das Verständnis der Dinge ein Quantum an Vernunft. Noch mehr holt die Demut heraus. Wir brauchen sie, denn sie kalibriert unser Wissen.

Das ‚Andere' muss man nicht unbedingt tolerieren, aber als vorhanden akzeptieren. Ohne die Wertschätzung des Anderen werden wir nicht weiter kommen. Für das in Europa flau gewordene Christentum könnte vielleicht die Ernsthaftigkeit, mit der selbst Muslime ihren Glauben betreiben, vorbildhaft sein. Ist die Glut für das Absolute bei den

Muslimen stärker als bei der Mehrheit der Christen? Muslime haben vielleicht den ermüdeten Charakteren der Christenheit voraus, dass sie die Lage der menschlichen Existenz ernst nehmen. Aus einer Statistik geht hervor, dass 9 % der christlichen Jugend in Deutschland regelmäßig beten und 80 % der deutschen Moslems. Die spießige Bravheit der ehemals mondän einfältigen Anhänger einer Volkskirche hatte dazu geführt, dass alles als zu gut empfunden wurde. Mit der Zeit wurde es ihnen einfach fad.

Nun erfahren wir, dass es auch anders geht. Viele Muslime bringen trotz anspruchsvoller Berufe als Ingenieure, Manager, Ärzte oder Piloten demonstrativ die Zeit auf, sich fünf Mal am Tag in den Gebetsmodus zu versetzen. Das hat Vorbildwirkung, ohne dass man gleich die Inhalte für akzeptabel halten muss.

Muslime beklagen nicht selten, dass sie sich immer wieder für das Fasten, das Freitagsgebet etc. rechtfertigen müssten. Die aktuelle Begriffsstutzigkeit westeuropäischer Prägung in diesen Dingen ist exzessiv. Ist sie ein Zeichen der geistigen Verwahrlosung oder Abstumpfung der Gesellschaft? Jedenfalls bildet sie eine traurige Facette von Desinteresse. „Je schlapper, umso besser" wurde zum Leitmotiv eines fehlorientierten Segments der Spezies Mensch.

Was tun mit so viel Respektlosigkeit gegenüber dem Wissen aus Weisheit? Wenn man sich so manche Antworten bei öffentlichen Befragungen anhört, scheint das allgemeine Wissensniveau nicht besonders hoch zu sein. Man hört bei Befragungen, ‚allegro' sei eine Pille wie Viagra, Mozart ein ehemaliger

Kommunist, der Dreisatz irgendeine olympische Disziplin, der Bundestag ein bestimmter Feiertag und Jesus Christus irgendein Innenminister. Es sind nicht viele, die sich aus der Geschichte vergegenwärtigen können, wo vor nicht allzu langer Zeit die Konzentrationslager aufgestellt waren. Katastrophen werden halt so als zwischenzeitliche Events apostrophiert. Die Masse vergisst sehr schnell.

Es muss also davon ausgegangen werden, dass viele Menschen gar nicht wissen, worum es im Existenziellen geht? Es sei ja auch alles so fürchterlich komplex. Gehört es nicht zum Auftrag des Menschen, auf das Geschehen zu reagieren? Er sollte nicht alles auf die Karte des unberechenbaren Glücks setzen. Berufsgruppen, die ein rationales Handeln abverlangen, wie etwa Manager, gehen bei Problemlösungen nach logischen Richtlinien vor. Sonst wären sie defätistisch den Methoden von Versuch und Irrtum ausgeliefert. Das wäre kein gutes Management-Verhalten. Ähnlich lässt sich die Privatsphäre modellieren. Wir setzen durchaus logische Überlegungen ein, um unsere Weltanschauungen zu formen.

Wie wir in der Praxis mit dem existenziell Wichtigen umgehen, ist einfach verrückt. Vielleicht sind die Befindlichkeiten zu sehr unterkühlt. Sind die Deutung der Welt und die Rolle des einzelnen Individuums so belanglos geworden? Es ist ja nicht so, dass das Spirituelle dem Menschen fremd ist. Menschen haben ein geistiges Leben. Erfreulicherweise deutet der Pendelausschlag der nachstoßenden Generationen wieder einmal auf einen Umschwung in diese Richtung hin.

Was ist von den vielfältig gestreuten Auffassungen zu halten? Geben sie Hoffnung auf Bewältigung der primären Fragen des Seins? Da gibt es die Theorie des Kreislaufs, die das ständige Kommen und Gehen in den Vordergrund stellt. Dieser Gedanke wird bis in die Vorstellung eines Nirwana hineingetragen. Folgt denn der Pfad der Erlösung einer Kurve des Erlöschens? Was ist jenes unbestimmte ‚Es'? Plötzlich taucht das Nichts auf. Seine Erwartung ist für viele nichts Wünschenswertes. Wie können wir uns dem entziehen? Karwoche und Ostern stehen als Gegensatz zum ewigen Kreislauf. Dort ist er konkret unterbrochen.

Wenn in der christlichen Lehre das Individuum hochgehalten wird, fordert es damit nicht auf, sich indifferent zurückzulehnen. Meint man etwa, dass der Akzent auf Toleranz liegt? Dort wo Toleranz mit Gleichgültigkeit gleichgesetzt wird, lässt dies in einer Welt, die auf Entscheidungen setzt, nichts Gutes erahnen. Werden wir zur Toleranz gezwungen, ist es eher ein Zeichen von Desorientierung. Das bringt uns in der Suche nach Wahrheit nicht voran. Nicht einmal gegenüber dem Leben ist gleichgültige Toleranz zu empfehlen. Toleranz stellt keineswegs etwas absolut Positives dar, denn sie ist von einem Ertragen-Müssen gezeichnet. Die lateinische Sprache definiert ‚tolerare‘ als ein ‚Erdulden‘. Bittere Pillen schlucken, bei Missständen stillhalten, über etwas hinwegsehen, sich ducken, wenn man eine andere Meinung hat, die ehrlich ist - das alles sind doch keine originellen Reflexe. Wertvoller als Toleranz ist der Respekt, schon allein deswegen, weil er auf beiden Seiten die Würde des

Individuums aufrechterhält. Er ist es, der eine aufrichtige Kommunikation zulässt.

Welche Rolle spielen zusammenfassend die großen Weltreligionen? Sie alle haben ihre Merkmale. Dem einzelnen Individuum ist es nun einmal nicht gegeben zu bestimmen, wo und wann es auf die Welt kommt. Daher spielt die Sozialisation eine grundlegende Rolle in den Weltanschauungen. Es ist egal, wann und wo das Individuum auftritt, ob vor Tausenden von Jahren oder an irgendeinem bestimmten Ort am Globus. Die Geschehnisse hängen als Bilder im Raum und spiegeln die laufenden Möglichkeiten. Die Zugänge öffnen sich immer wieder neu. Im Wandel steht eine einzige Konstante, wo doch alles andere fließt. Sie steht nur dem Absoluten zu. Es ist das dauernd Bestehende. Das Göttliche ist unwidersprochen nicht etwas, das erst wird. Wahrheit ist nun einmal nicht volatil. Bei uns selbst wird es auf das richtige Ermessen ankommen.

Die Frage drängt sich auf, warum der Geist des Göttlichen die unterschiedlichen Glaubensformen zulässt. Religion darf sich inhaltlich nicht ändern, das würde sie unglaubwürdig machen. Auch die Ansicht, dass sich alle Religionen ständig bis hin zur Verschmelzung der Richtungen fortentwickeln, ist absurd. Sie ist kontraindiziert zur Wahrheit. Menschen können sich annähern, nicht kontroverse Denkrichtungen. Dies bleibt ein unwiderruflicher Irrtum.

Ökumenismus ist wie jeder „-Ismus" irgendwie falsch und gefährlich. Ob nun im Hinduismus die gute Tat hervorgehoben wird, um dafür etwas als Gegenleistung zu erhalten, ob das Fernziel im Buddhismus darin besteht, dass wir alle Buddha werden, ob im Islam die bedingungslose Unterwerfung vorrangig erscheint, ob das christliche Postulat der Gottesverehrung mit Nächstenliebe verbunden das Sein ausmacht oder ob gar die Ratio des Materiellen im Atheismus das alles Bestimmende ist, die Schlussfolgerung ist eindeutig: eine Fusion der gezeigten zentrifugalen Ansichten ist illusorisch. Da ereignet sich schon etwas ganz anderes. Man kann keine der Religionen so mir nichts dir nichts abschieben, denn sie geben ihren Anhängern zunächst ein Zugehörigkeits-gefühl, ein Stück Beheimatung. Dem Vertrauten abzuschwören wird niemals eine harmlose Selbstverständlichkeit sein.

Wie entkommen wir der Psycho-Pathologie der unterschiedlichen Glaubensformen? Vielleicht bringt uns

beiläufig das Experiment weiter, das
Sympathische an einer Religion
herauszufinden. Ist es sympathisch, den
Menschen selbst als Eigenerlöser in den
Mittelpunkt zu stellen? Auch Lichtkörper
wie Glühwürmchen herumschwirren zu
lassen, würde die Erwartungen nicht
erfüllen. Sich in den Staub zu werfen, ist
das sympathisch? Wir merken, wie die
Konvergenz der Glaubensansprüche
schwer aufrecht zu erhalten ist. Vor allem
wäre kein menschliches Wesen bereit, auf
sein Selbstwertgefühl zu verzichten.
Aufgepasst, es geht in solchen
Enthüllungen keineswegs darum,
Andersdenkende zu diskreditieren. Den
muslimischen Feind und umgekehrt den
christlichen Feind zu verurteilen, beruht
auf Feindbildern, die nur der Mensch
geschaffen hat. Jeglicher Religionskrieg
hat nichts mit den ernstzunehmenden
Inhalten von Religion zu tun.

Die ursprüngliche christliche Orientierung beruht vornehmlich auf dem Respekt des Nächsten. Das Modell der Versöhnung ist ein Angebot für alle Menschen. Doch reicht es auch nicht, sich zu verstecken und die Augen zu verschließen. Die Wahrheit wird uns schließlich einholen. Wer hat nun die „Worte ewigen Lebens"? Doch nicht wir Menschen selbst! Was vom Menschen in Ethik und Moral oder sonst im seelischen Wohlbefinden stückweise aufgebaut wird, findet seinen Ausgangspunkt ausschließlich im Übernatürlichen. Wir sind darauf angewiesen, um nicht zu verzagen. Die irdische Selbsterhaltung ist nicht das Vorrangige unserer Existenz. In der Erinnerung an unser Weltengedächtnis werden wir immer wieder auf das Göttliche stoßen. Das ist kein abstraktes Denken, man muss sich einfach nur hineinfühlen, dann weiß man es wieder.

21. KÖNNEN MANAGER GLAUBEN?

Im Fadenkreuz der Manager steht das Leistungsdenken. Es ist nicht der untadelige Ansatz zur Religiosität, aber manchmal erhält man den Zugriff auf den Glauben auch über die Leistungsader. Viele Wege führen eben zu Gott. Die religiöse Grundhaltung macht keinen Unterschied zwischen Erfolgreichen und Erfolglosen, zwischen Reichen und Armen. Vielleicht kommen wir drauf, dass ein erfülltes Leben genauso so vital ist wie ein finanzielles Auskommen. Natürlich ist klar, dass die Leistung unerheblich für das Spirituelle ist. Leistung generiert sich übrigens immer aus dem Defizitären und nicht daraus, dass wir von vornherein so großartig sind. Doch wenn schon dem Menschen solche Instrumente zur

Verfügung stehen wie die Physis und der Intellekt, die optimiert werden können, sollte auch die religiöse Spiritualität genutzt werden.

Wie verbringen wir unsere Karriere? Die Fertigkeiten des Körpers, des Intellekts, der Seele sind immer optimierbar. Man muss nur dran bleiben, sonst gerät man ins Abseits. Sport ist bekanntlich der Gesundheit und der Intelligenz förderlich. Beide befruchten sich gegenseitig. Deswegen trainieren wir Kraft, Schnelligkeit, Ausdauer, Gelenkigkeit. Auch die mentalen Fähigkeiten wollen gepflegt werden. So wie die physische Motorik ertüchtigt wird, lassen sich ebenso die intellektuellen Fähigkeiten durch Üben auf Vordermann bringen. Dazu zählen Kognition, Gedächtnis, Reaktion und Kreativität. Sind Kapazitäten einmal erarbeitet, greifen sie über. Doch was wäre alles körperliche Wohlempfinden und jegliche intellektuelle Erfüllung ohne die Sinnhaftigkeit des Ganzen?

Es erzeugt Druck, keinen Sinn zu finden. Wir gelangen in eine Art Beklemmung. So kommen wir drauf, dass die glaubensbezogene Spiritualität nicht brach liegen darf. Genauso wie die körperliche und intellektuelle Verwahrlosung jämmerlich erscheint, ist die spirituelle Verwilderung zu kritisieren. Der Leistungsmensch wird nicht umhin können, sich dem Wirken eines höheren Seins einzuordnen. Auch die Seele braucht die tägliche Übung. Und vielleicht nimmt die Wahrnehmung überhand, dass es noch viel Bedeutenderes gibt, als bloß das Beste aus der Physis und dem Intellekt herauszuholen.

Der Drang, etwas leisten zu wollen, ist nichts Anrüchiges. Er entfacht Kräfte, die etwa im Sport, in Lernabläufen, in Gestaltungsprozessen notwendig sind. Leistung drückt Qualität aus. Dabei ist wissenschaftlich belegt, dass unter normalen Verhältnissen lediglich 40 % der physischen und 10% des geistigen Potenzials abrufbar sind. Mit Fitness-Training und Gehirn-Jogging ist nur ein Teil der menschlichen Gesamtleistung abgedeckt. Einer besonderen Form begegnen wir auf dem Gebiet des Glaubens. Sie ist Ausdrucksleistung. Allen Facetten ist gemeinsam, dass sie mehrere Entwicklungsstufen durchlaufen. Auf diesen erfahren wir, wie wir zu lernen haben und wonach wir uns orientieren könnten. Das Leistungsvermögen wird von der Leistungsbereitschaft mitbestimmt. Athleten trimmen ausgiebig ihre Muskeln. Sie holen ein hohes Maß an körperlicher

Koordinationsfähigkeit heraus. Das Zwischenspiel zwischen Nerven und Muskeln findet systemisch seine Parallele im Alltagsleben. Auch dort geht es um Koordinationsfähigkeiten und um die notwendige Leichtigkeit des Agierens. Und das Seelenleben? Man könnte meinen, es arbeitet genauso nach den Gesetzen der kybernetischen Dynamik. Jedes Leistungspotenzial ist von der Vorinformation, der Synchronisierung des Erlebten und von den Spät-Erkenntnissen geprägt. Den notwendigen Wechsel von Spannung und Entspannung braucht nicht nur unser Muskelsystem, auch das geistige Agieren und das Seelenleben stützen sich darauf.

Diese Applikationen verlangen ein regelmäßiges Training, will man sie genießen. In Sport, Wirtschaft und Politik ist gute Antizipation vonnöten. In den

Glaubensfragen greifen die positiven Entwürfe eher auf das Gedächtnis der Seele zurück. All diese Muster machen Sinn in unserem Leben. Wir spüren die Emotionen und erleben unsere Gedanken. Die Lernschleifen erfahren wir dann in der Selbstkontrolle. Im Wettkampf schleicht sich noch die Finesse des Taktierens ein. Im Glauben wird sie überflüssig. Jedenfalls wollen wir selbst nachvollziehen können, was uns vorgeführt wird. Das macht den Anreiz unseres Agierens aus. Wir selbst wollen handeln, nicht nur zuhören. Wir bewegen uns dann am leichtesten, wenn es in einem gewissen Flow erfolgt. Auch die seelischen Vorgänge entfalten sich in einem Fließgleichgewicht. Die harten Übergänge und Knicke werden meistens nur mühevoll überwunden.

Religiöse Spiritualität ist nicht machbar, sie muss erfahren werden. Unvernünftig wäre es, das Existentielle, das Bedeutende, nicht sehen zu wollen. Die Zeit flieht, die Sehnsucht wartet. Das Absolute nicht aus den Augen zu verlieren, verlangt, sich Zeit zum Nachdenken zu nehmen. Vielleicht gelingt es uns dann, die Zusammenhänge besser zu erkennen. Allerdings wird auch Mut verlangt, wenn man sich entscheiden soll. Wir verfügen über ein beträchtliches Quantum an Freiheit vor allem der Gedanken. Auch an Mut? Paulo Coelho führt aus: „Die Feigen schmieden letztlich die Gitter ihres eigenen Gefängnisses". Das lässt sich perfekt auf das geistige Handeln übertragen.

Kontemplation ist mehr als nur Balsam für Stressgeplagte. Die Automatismen der menschlichen Seele gibt es nicht. Der Mensch ist kein Roboter. Hochleistungssportler erkennen sehr deutlich, wie filigran das physische Konstrukt ist. Sie kommen aber auch dahinter, zu welch überwältigen Leistungen sie fähig sind. Die Beeinflussung des Könnens beruht auf unzähligen Faktoren, mit denen sie von vornherein gar nicht rechneten. Eindrucksvoll präsentieren sich uns die Vorbilder sportlicher Leidenschaft. Was der Mensch so aus sich herausholt, ist nicht allein bei Extremsportlern zu bewundern, staunenswert sind die Leistungen der Sportler mit Handicap. Auch unter ihnen gibt es die äußersten Grenzgänger. Andy Holzer, ein Blind-Climber, der die Achttausender besteigt, öffnet auf seine Art den Sehenden die Augen. Solche Leitbilder animieren das Strebeverhalten und beeinflussen die menschliche Weltsicht.

Zwar kennen wir alle das Unlustgefühl,

bevor wir ans Training herangehen oder
uns sonst irgendwie anstrengen sollten.
Doch nur der ernsthafte Einstieg in eine
Tätigkeit ermöglicht es, höhere Stufen
empor zu klettern. Die Überwindung
macht stark. Dies geschieht besonders in
der geistigen Formung. Es ist nicht
sinnvoll, sich in dumpfer geistiger
Zurückgezogenheit zurückzulehnen.
Aktivität ist angesagt. Unsere Fertigkeiten
haben Auswirkungen auf die
Herausforderung des Seins. Leben ist dort,
wo der Schöpfungsakt gegenwärtig ist.
Gleichlaufend wird die Hoffnung
verdeutlicht, dass es nie zu spät ist, die
eigenen Potenziale zu nutzen. Wir finden
uns in der Kreativität des Absoluten.
Wie gut es doch tut, sich vom Wohlwollen
einer höheren Kraft berührt zu wissen.
Das könnten Menschen empfinden, die
auf die Sonnenseite gefallen sind,
intensiver tun es die im Schatten stehen.

Aufgeregte Verzweiflung ist gleichermaßen chancenlos wie aufgestauter Stumpfsinn. Es bleibt spannend, wohin der Sinn des Daseins hinführt. Wie bleiben wir seelisch fit? Drei elementare Einstellungen helfen uns: Annehmen, Loslassen und Neuwerden. Von diesen drei Kriterien dürfen wir viel erwarten. Ersichtlich wird das ganzheitliche Muster vor Ostern in der Karwoche. Sie korreliert mit unseren eigenen Gegensätzen von Auftrieb und Fall. Sie lehrt uns zu begreifen, dass wir nicht mehr allein gelassen sind. Ein hartes Stück Training kommt auf uns zu. Wir brauchen aber auch nicht mehr herauszunehmen als gefordert ist. Jedenfalls ist die positive Erwartung einer nebulosen Bequemlichkeit vorzuziehen. Worauf sonst sollten wir unseren Lebensentwurf begründen.
Wie reagieren Manager? Was bedeutet

ihnen Glück? Vertrauen sie der Beständigkeit des Nachdenkens oder pflegen sie einen verrückten Umgang mit den Risiken im Leben? Der Beruf der Manager, so sie qualifiziert sind, besteht im Steuern und Gestalten. Damit repräsentieren sie einen bestimmten Tätigkeitstypus. Einerseits bestaunt, stehen sie andererseits im Verruf, eisige Realisten zu sein. Es sind nicht diejenigen gemeint, die über wenig Bildung verfügen und selbstverschuldete Fehlentscheidungen treffen. Wie sehen die Bilder der inneren Bewusstheit von Managern wirklich aus? Charakterisiert sich ihr Lebenslauf nur mit Noten des Erfolges? In der Funktion Mensch wirken noch ganz andere Steuerungskräfte mit. Manager sind manchmal sogar bemerkenswert begierig auf die geistigen Kraft-Vektoren. Der Umgang mit dem Spirituellen ist für Führungskräfte nicht tabu.[1]

Der Chemiker und Top-Manager Siegfried
Buchholz zitiert sein Lebensbild aus der
Bibel: „Dort steht geschrieben, dass der
Mensch von Gott geschaffen ist, dadurch
ein Gegenüber hat, Gott, dem er
antworten muss". Die Bibel zu lesen ist
ein substanzieller Zugang zu den Inhalten
des Wirkens der göttlichen Allmacht. Sie
ist und bleibt relevante Literatur, weil sie
die menschliche Existenz in die
unausweichliche Zone der letzten
Entscheidung bringt. Sich philosophisch
der Bibel zu nähern ist legitim, aber nicht
richtungsweisend. Es gibt so etwas wie ein
Glaubens-Wissen. Der Mensch besteht
nicht aus Reflexen allein, er lebt vom

[1] Management versus Spiritualität?
J.G Matuszek
ISBN 978-3-85438-910-1 United p.c. Verlag

Wissen. Nur darf er nicht verleitet
werden, sich vom Denken automatisieren
zu lassen.

22. DAS LEBEN ALS ERNSTFALL

Wenn wir die Realität hoch aufgelöst
sehen, sind wir erst richtig in der Welt.
Wir haben nun keine andere Wahl, als uns
mit unserem Leben zu beschäftigen.
Warum liegt es uns am Herzen? Was
geschieht, wenn unsere Funktionalität
versiegt? Irgendwann wird es nicht mehr
möglich sein, der Anforderung aktiv
Genüge zu leisten, wer wir wirklich sind.
Es lohnt sich, unsere Zeit auf der Erde
ernst zu nehmen. Nur so realisieren wir
den uns aufgetragenen persönlichen Sinn.
Es ist schon seltsam, dass wir Menschen
Signale übersehen und erst reagieren
wollen, wenn es zu spät ist. Sehen wir sie
nicht? Hören wir überhaupt noch auf
Zeichen? Oder haben wir unsere
Frühwarnsysteme vollends abgeschaltet.

Irgendeinmal werden sie nicht mehr
greifen. Dann könnte es wie bei allen
Katastrophen womöglich schon zu spät
sein.

Aus der Geschichte und der Ökonomie
wissen wir, was passiert, wenn der
Mensch sich kraftlos und irrational
verhält. Es war zu Beginn des 21.
Jahrhunderts voraussehbar, dass die
Finanzwirtschaft mit der abenteuerlichen
Casinomentalität das ökonomische
System ruinieren würde. Die Folgen waren
in einer weltweiten Finanzkrise sichtbar.
Sie war wie so vieles andere
vorauszusehen, aber es fehlte die Kraft
zur raschen Änderung. Was wird sich bei
Umweltschutz und Klimaänderung noch
ereignen, wenn aus Unvernunft oder aus
Bequemlichkeit verzichtet wird, dagegen
zu steuern. Viel Unheil wäre in der
Weltgeschichte zu vermeiden gewesen,

hätte man im Voraus die Dinge ernst genommen. Im Nachhinein heißt es immer, wir hätten es wissen können, ja wissen müssen. Man war aber zu träge oder sogar zu feige, um auf die Indikatoren zu reagieren. Immer ist etwas zu ändern, weil vieles nicht gut ist. Im gleichen Maß wird das Spirituelle aktiviert. Es würde sich lohnen, auf die Vorgaben des Übernatürlichen zu achten.

Früh hat der Mensch mitbekommen, dass er beten könnte. Beten ist zutiefst menschlich, es ist immer auf das Übernatürliche ausgerichtet. Es ist bis heute und darüber hinaus die beste Methode der spirituellen Kommunikation. Sie entwickelt sich weniger aus der äußeren Ratio als aus der inneren Tiefe. Man sagt „gebetet wird nur aus dem Herzen". Zum Ehren kommt noch das Bitten, zum Bitten gehört auch das

Danken. Wird darauf vergessen, weil es
nicht verstanden wird? Die Wirkung des
Betens ist nicht spekulativ. Trotzdem ist
sie psychologisch verifiziert. Sobald sich
die Bewusstheit verändert, werden wir in
unseren geistigen Ansprüchen nicht
rückversetzt, eher nach vorne geworfen.
Wenn wir verspüren, dass wir innerlich
nicht allein gelassen sind, erschließen sich
ungeahnte Möglichkeiten. Heißt es doch,
„mach das Beten zum Kernstück deines
Lebens, dann wirst du Neues erleben".

Das glaubensfundierte Meditieren hat
etwas mit Freiheit und persönlichem
Frieden zu tun. Allerdings bedarf es dazu
des motivierenden Ansporns. Von den
Ereignissen gecoacht wird die religiöse
Meditation zu einer persönlichen
Erfolgsstory. Wir können nur auf Zukunft
etwas versäumen, nicht auf das
Vergangene. Daher hinterfragen wir, was

unser Werden beeinflussen kann. Wir
bleiben dran und suchen. So stoßen wir
auf neue Erkenntnisse, die das
Althergebrachte nur verstärken. Die
Neugierde muss wach bleiben. Genauso
funktioniert es im Profanen. In Wirtschaft
oder Politik spielen sich die Umbrüche im
Öffentlichen ab. Was kommt auf die
Gesellschaft zu? Die Aufmerksamkeit liegt
in der Anspannung. Wenn wir dann
unsere Unvollkommenheit gelassen
annehmen, haben wir schon viel
gewonnen. Die Ergebnisse tragen uns
weiter, da wir eine Verantwortung
gegenüber uns selbst und für die anderen
haben.

Sich wegstehlen nützt nichts, schon gar
nicht im Glaubens-Bereich. Die
Unbeholfenheit darf uns nicht lähmen.
Das ultimative Trotzdem ist das Gebet der
Hoffnung. Im christlichen Glauben geht

die geistige Optimierung vom
Menschensohn aus. Er ist mehr als nur
Provokation an die irdische Präpotenz.
Durch ihn decken wir auf, wozu der
Mensch überhaupt da ist. Er zieht unser
Menschsein in sich hinein. Die dies intuitiv
erfassen, sind bevorzugt. Man nennt es
Gnade. Von vornherein haben wir darauf
kein Anrecht. Wir können sie erbeten, uns
um sie bemühen, genauso wie wir uns für
die total irdischen Dinge anstrengen.
Legitim ist, dass wir die Gesundheit
suchen, die physische wie auch die
psychische. Und was ist mit der geistigen?
Wenn körperlich etwas aus dem
gewünschten Modus entgleitet, wird
medizinischer Alarm geschlagen. Was
geschieht beim seelischen Crash? Wie
heißt dann das Projekt, das man benötigt?
Was steht hinter all den Situationen?
Warum läuft etwas gut oder schief? Es
lässt sich nicht ins Detail planen. Man

kann nur aus der Fülle der Angebote das Beste machen. Der Mensch ist in die Ordnung des kosmischen Lebens eingebunden. Wird sie gestört, kommt Unfrieden auf.

Die geistige Elastizität ist eine herausragende Ressource, sich voranzubringen. Das körperliche Wohlempfinden setzt auf die Robustheit. Doch zum Überleben ist Geborgenheit das allein Entscheidende. Sind es nur Entwürfe, die wir da produzieren? Wir spielen auf den Etappen zu unserer Zeitlosigkeit. Was wird wohl hinter dem Horizont stehen? Disziplin wird uns helfen, von unserem Ziel nicht abzuweichen. Das sollte uns begeistern. Egal wie wir uns am nächsten Morgen fühlen, das Ziel steht, wenn auch nur verschwommen, vor unseren Augen. Im Laufe eines Lebens scheint jeder Mensch

mit irgendeiner Form von Krise befasst zu
sein. Die tiefgründigen Lebenskrisen
umkreisen das Existenzielle. Die falschen
Illusionen können es nicht von uns
fernhalten. Sobald wir einen
anspruchsvollen Grad der Reife erlangt
haben, ist es nicht mehr nötig, alles bis ins
Detail zu identifizieren. Dann setzen wir
endlich das um, was wir an Wesentlichem
beobachtet und gelernt haben.

Das Denken und das Fühlen sind die
Energiekörper des irdischen Menschen.
Wir reflektieren darüber, wer wir sind,
was wir aus uns machen, was aus uns
gemacht wird. Der Ruf nach dem Sinn ist
nicht nutzlos, nein, er ist grandios,
lebensfördernd, existenziell. Ihn bloß zu
hören, ist zu wenig. Man muss ihn selbst
ausstoßen, immer wieder. Solange wir das
tun, spüren wir, dass es uns gibt. Damit
können wir gar nicht aufhören. Es ist

perpetuell. Es liegt am Individuum, aufzustehen oder liegen zu bleiben. Die Illusionen der ersten Lebensjahre stören nicht. Glück und Ruhm, Unglück und Pech wandeln sich in nachhaltiges Vertrauen. Es beruht auf der Erinnerung dessen, was bereits bekundet wurde. Der Prozess des Orientierens entwickelt ungeahnte Eigenschaften. Wird die persönliche Identität gestärkt, ergeben sich reißende Fortschritte. Unerträglich ist nur die Verneinung. Der Schall des Sinns darf nicht in einem Echo der Wut untergehen. Da würde der Mensch sich selbst ins Verderben stürzen. Ist er etwa süchtig nach Selbstzerstörung?

J-G Matuszek

Studium: Empirische Wissenschaften, Systemanalyse, Politische Wissenschaften, Internationale Beziehungen, Kommunikationswissenschaften, Philosophie, Doktorat.
Fremdsprachen, Sprachwissenschaften. Dipl-Dolmetsch, Magister-Degree.
Postuniversitär: Marketing, Werbung-PR-CI, Management-Controlling, Innovations- u. Development-Management. Lizenzierter Unternehmens-Berater.

Berufslaufbahn: Management bei Multinationalen Konzernen. Management-Contracting in Mittelständischen Unternehmen. Beratung für Unternehmensoptimierung und Change-Management. Vorstand und Verwaltungsratspräsident mehrerer Unternehmen in Deutschland, Schweiz. Geschäftsführung im Bereich Zertifizierung von Firmen und Organisationen.

Ehem. Leistungssportler, Sporttrainer. High-Tech-Kooperationen für Leistungs-Diagnostik/Optimierung in Sport und Business.

Dozent an diversen Universitäten und Business-Schulen. Stiftungsrat der Foundation „Globility-Circle". Buchautor.

Bibliografische Information der Deutschen
Nationalbibliothek:
Die Deutsche Nationalbibliothek verzeichnet
diese Publikation in der Deutschen
Nationalbibliografie; detaillierte bibliografische
Daten sind im Internet über http://dnb.dnb.de
abrufbar.

© 2019 J-G Matuszek

Herstellung und Verlag:
BoD – Books on Demand, Norderstedt

ISBN: 978-3-7481-4419-9

FSC
www.fsc.org

MIX
Papier aus verantwortungsvollen Quellen
Paper from responsible sources
FSC® C105338